AF458676

PLAIDOIRIE

DE

Mᵉ BERRYER

POUR

LA FAMILLE DE MONTMORENCY

CONTRE

M. ADALBERT DE TALLEYRAND-PÉRIGORD

Audience du 31 *Juillet* 1865.

1866

COUR IMPÉRIALE
de Paris.

1re CHAMBRE.

Présidence de
M. le 1er Président DEVIENNE.

PLAIDOIRIE

DE

Me BERRYER

POUR

1° M. le prince et M. le comte de MONTMORENCY-LUXEMBOURG ;

2° Mmes la comtesse de LA CHATRE et la marquise de BIENCOURT ;

3° Mme la duchesse de FERNANDO-LUIS LÉVIS-MIREPOIX, fille du dernier duc de MONTMORENCY-LAVAL ;

4° Mme la marquise de GONTAUT SAINT-BLANCAR ;

M. le comte de BRISSAC ; M. le comte FERNAND DE BRISSAC ; Mlle DE BRISSAC ; Mme la baronne VANDE WERN DE SCHILDE ; Mme la comtesse DE ROBIEN ;

M. le duc DE ROHAN ; M. le comte DE CHABOT ; Mme la comtesse DE GONTAUT-BIRON ;

M. le duc DE LUYNES ;

MM. le marquis et le comte DE MORTEMART ; M. le comte LOUIS DE MORTEMART ; Mmes la duchesse D'AVARAY et la comtesse DE BERNIS ;

M. le comte DE BÉTHUNE-SULLY ; M. le comte CHARLES DE BÉTHUNE-SULLY ;

M. le vicomte DE LAROCHEFOUCAULD et M. SOSTHÈNE DE LA ROCHEFOUCAULD, duc de BISACCIA ;

Mme la marquise DE PIMODAN.

AFFAIRE DE MONTMORENCY

PLAIDOIRIE DE Me BERRYER

MESSIEURS,

A l'appel de la cause qui m'amène aujourd'hui devant vous, en entendant prononcer les noms des parties engagées dans ce procès, en lisant les conclusions que j'ai à développer, je ne mesure pas sans crainte la gravité du devoir que m'imposent la nature et l'importance des questions qui vont vous être soumises. Contre la décision des premiers juges, je viens rétablir la plénitude des droits et réclamer l'accomplissement des devoirs de l'autorité judiciaire; je viens demander au pouvoir qui vous appartient, et qui n'appartient qu'à vous seuls, les garanties protectrices que votre institution promet et doit assurer aux intérêts privés de toutes les classes de citoyens.

Dans la réclamation de la maison de Montmorency contre un acte du souverain, réclamation fondée sur les principes essentiels de notre droit public et de notre droit civil surtout, il y a quelque chose de plus considérable et d'un ordre plus élevé que l'intérêt des contestations qui s'agitent d'ordinaire dans cette enceinte. Ne vous étonnez pas de l'émotion que cette cause a produite dans l'opinion publique. A ce grand nom de Montmorency qui, depuis près de mille ans, brille d'un éclat si majestueux sur presque toutes les pages de nos annales, à ce nom qui, dans une longue suite de siècles, fut glorifié par un si grand nombre de connétables et de maréchaux de France, à ce nom d'une famille qui nous a donné autant de grands hommes d'État que d'habiles et vaillants capitaines, je ne suis pas le seul à sentir se réveiller en moi, comme citoyen, le sentiment du juste et patriotique orgueil des beaux noms historiques. Cet orgueil, Messieurs, il le faut honorer, c'est en tous pays un précieux et puissant élément des grandeurs de l'esprit national.

Quel cœur ne s'émeut en voyant tout un peuple chevaleresque et malheureux, debout au souvenir de Sobiesky, s'armer pour garder son rang dans le monde et revendiquer sa nationalité auprès des nations et des souverains de notre Europe, au nom de ce héros par qui elle fut affranchie des derniers envahissements de la barbarie et de la domination musulmane !

Même au sein des discordes civiles, quelles hautes leçons de courage, de générosité, de respect du droit et de la liberté, la mémoire de Washington ne doit-elle pas transmettre au sein de l'Union américaine !

Je me suis plu souvent à voir, non sans envie, nos voisins d'Angleterre relever fièrement la tête aux noms de Malborough, de Chatam, de Nelson.

Quel ne devait pas être en France l'intérêt excité par le retentissement des grands noms de Condé et de Montmorency ? De pareils noms, Messieurs, sont une propriété nationale qui ne peut être capricieusement confiée à d'autres que ceux à qui seuls les lois et la nature ont imposé le devoir et le droit d'en maintenir l'honneur.

Pour ceux-ci, le devoir est cher et sacré, et vous comprenez combien est noble et respectable l'intérêt qui les anime. Il n'y a pas dans le sein des familles de force morale plus grande, plus féconde que la pensée de se sentir obligé par l'honneur de ses pères, que le désir de porter dignement leur nom, pas d'ambition plus pure que celle d'aspirer, avec un respect jaloux, à en demeurer les gardiens fidèles et vigilants. Malheur, selon moi, malheur à qui une aussi grande tâche ne suffit pas ! Aussi je n'imagine point de cause plus légitime, plus pieuse que celle qui nous amène aujourd'hui à votre barre.

Je me garderai bien de m'arrêter à ce que, devant les juges de première instance, notre adversaire appelait des considérations préliminaires. Je ne me sens pas du tout le besoin de repousser les insinuations politiques qu'on a cherché à introduire dans ce procès, en accusant mes nobles clients de l'avoir suscité bien moins par un juste sentiment de leurs devoirs de famille que par le désir de contester les prérogatives de la souveraineté impériale. Le décret du 14 mai 1864, dont se prévaut M. Adalbert de Périgord, ne serait pas combattu, nous a-t-on dit, s'il était émané d'un autre gouvernement, si c'était une ordonnance revêtue d'une autre signature. Ces insinuations oratoires ne me paraissent pas avoir une suffisante dignité pour qu'il me faille les réfuter devant vous. Espérer de vous faire accueillir de semblables considérations et de leur donner quelque influence sur vos esprits, ce serait faire outrage à la droiture, à l'impartialité, à l'indépendance de nos magistrats. Ces prétendues considérations préliminaires se sont d'ailleurs produites bien hors de propos; car le décret du 14 mai 1864 n'existait pas lorsque, au mois de janvier précédent, la famille de Montmorency a protesté une première fois, en apprenant que le prince Gontran de Beaufremont sollicitait la transmission du titre héréditaire de duc de Montmorency. Le dernier duc, M. Raoul de Montmorency, était mort, au mois d'août 1862, sans postérité. Il avait eu deux sœurs, décédées avant lui : l'aînée était Mme la princesse Théodore de Beaufremont; l'autre Mme la duchesse de Valençay. Le prince Gontran de Beaufremont, fils unique de la sœur aînée, pensa que le duché-pairie de Montmorency, ayant été jadis transmissible dans la descendance féminine, cette transmission pouvait encore avoir lieu de nos jours, et que lui seul avait le droit de réclamer la confirmation de ce titre héréditaire. MM. de Montmorency-Luxembourg, avertis que cette demande était formulée et adressée au gouvernement, déposèrent leur protestation, au mois de février 1864, entre les mains de M. le Ministre de la justice. Ils opposèrent que la succession féminine avait été abolie par l'édit de 1711, et plus particulièrement par des lettres-patentes spéciales de 1767, que j'aurai à vous faire connaître plus tard.

La demande du prince Gontran de Beaufremont ne fut pas accueillie; mais immédiatement ou presque en même temps, le comte Adalbert de Périgord, fils cadet de la sœur cadette du feu duc Raoul de Montmorency, éleva la même prétention au titre de duc, non pas, il est vrai, en partageant l'erreur du prince Gontran de Beaufremont. Il eut recours à d'autres moyens, et invoqua d'autres titres, que, par modestie sans doute, par prudence peut-être, il ne nous a pas fait connaître. Les motifs de sa requête et les prétextes de la faveur qu'il a obtenue, gardent, grâce à ce silence, l'avantage d'échapper à toute discussion. Cependant une seconde protestation avait été adressée le 10 mars à M. le Ministre de la justice par MM. de Montmorency.

Le Conseil du sceau des titres fut alors consulté. Quelle a été sa réponse? Nous l'ignorons, les actes émanés de ce Conseil sont secrets de leur nature ; ce sont, à vrai dire, des communications confidentielles entre le chef de l'État et les conseillers du sceau ; ce sont de simples avis plus ou moins bien motivés, et contre lesquels il n'y a aucun moyen de se pourvoir.

Bientôt des faits patents, publics, se sont révélés; il était devenu notoire que M. Adalbert de Périgord circulait dans Paris sous le nom de duc de Montmorency, qu'il se faisait annoncer ainsi dans le monde et signait ce nom sur des listes de visites déposées chez les concierges. Voici, par exemple, qu'à la date du 22 mai, sur une liste de ce genre, à la suite des noms de M. le marquis et Mme la marquise de Colbert, il est écrit, de la propre main de M. Adalbert et en toutes lettres : *le duc de Montmorency*, sans autre désignation.

Quel était ce duc? et d'où pouvait lui venir le droit d'ajouter à une qualification honorifique le nom de Montmorency? quel était ce nouveau chef apparent de la famille ? L'usurpation du nom était flagrante et provoquait un recours devant la justice du pays, dans les termes ordinaires du droit.

Bientôt on apprit aussi que M. Adalbert de Périgord se préparait à prendre les armoiries de la maison de Montmorency, il les faisait graver et l'on voyait exposées en public, sous la couronne et le manteau ducal, les armes pleines des Montmorency surchargées *en abîme*, c'est-à-dire, au centre de l'écu, par les armes de la maison de Périgord.

L'instance judiciaire s'est alors engagée, et le Tribunal a été saisi d'une action purement civile de la compétence ordinaire, motivée sur des faits purement personnels à M. Adalbert de Périgord. Il constitua un avoué et celui-ci notifia qu'il se présentait devant le Tribunal pour et au nom de M. le comte Adalbert de Talleyrand-Périgord, duc de Montmorency, sans produire aucune justification de cette attribution de titre et de nom.

La cause étant ainsi liée avant qu'aucun acte du souverain ne fût connu, des consultations furent demandées par la famille de Montmorency. Un grand nombre de membres du barreau de Paris et et des jurisconsultes distingués attachés à d'autres Cours, donnèrent leurs avis et pensèrent, à l'unanimité, qu'incontestablement le titre de duc pouvait être conféré à M. Adalbert de Périgord par le souverain, dans l'exercice de sa prérogative, mais que l'adjonction du nom de Montmorency à cette qualification honorifique constituait la transmission du nom d'une famille dont plusieurs membres sont vivants et réclament contre une telle concession faite en violation de leurs droits privés et des lois générales du pays.

Le débat était engagé et c'est alors, à la date du 8 juillet seulement, qu'à la requête de M. Adalbert de Périgord, fut signifiée la copie d'un décret impérial portant la date du 14 mai 1864. Ce décret n'avait reçu aucune publication légale, soit dans le *Bulletin des Lois*, soit au *Moniteur*. M. Adalbert de Périgord en révélait l'existence et prétendait que les demandeurs connaissaient, à n'en pas douter, les circonstances dans lesquelles M. Adalbert de Périgord avait été, par cet acte secret, investi du nom qu'ils lui contestent.

« ... Il est, en effet, disait-il, de *notoriété publique*, que le duc de « Montmorency tient son droit, à cet égard, d'un décret rendu par « l'Empereur sur le rapport du garde des sceaux, après avis con- « forme émis par le Conseil du sceau des titres. »

Singulier genre de publication légale ! la notoriété publique d'un décret qui n'a d'existence que dans le portefeuille de celui qui l'invoque ! !

Quoi qu'il en soit, bientôt après M. Adalbert de Périgord fit signifier des conclusions sur le fond du procès ; elles sont fort courtes, je puis les mettre sous vos yeux sans fatiguer votre attention. En présence des deux chefs de demande de la famille Montmorency, tendantes à ce qu'il soit interdit à M. de Talleyrand-Périgord de porter le nom et les armes des Montmorency, ces conclusions vont préciser et compléter les éléments du débat. Les voici :

« *Attendu* que M. Adalbert de Talleyrand-Périgord n'a pris en au- « cune circonstance *le nom* de Montmorency, ainsi qu'il est à tort « allégué par les demandeurs ; qu'à ce point de vue la réclamation « est dénuée de tout fondement ;

« *Attendu* que le défendeur *a joint à son nom* d'Adalbert de Talley- « rand-Périgord *le titre* de duc Montmorency, mais qu'en cela il n'a « fait qu'user du droit qui lui a été conféré par décret impérial « rendu le 14 mai 1864, après avis du Conseil du sceau des titres et « sur le rapport de S. Exc. M. le garde des sceaux ;

« *Attendu* qu'en admettant que le Tribunal puisse apprécier la « légalité du titre dont M. Adalbert de Talleyrand-Périgord, duc de « Montmorency, est investi, il sera démontré jusqu'à évidence que « ce *titre* émane d'une *prérogative hors de conteste*, et que l'appli- « cation en serait d'autant moins critiquable qu'elle s'est exercée en « faveur d'un des membres qui descendent le plus directement de la « famille dont les demandeurs prétendent représenter seuls le glo- « rieux héritage. »

Permettez-moi de m'arrêter à ces derniers mots. Puisque M. Adalbert de Périgord, tout en avouant qu'il n'a aucun droit à porter le nom de Montmorency, prétend rendre excusable la concession qui lui serait faite d'ajouter ce nom au titre de duc, en faisant valoir la proximité de sa parenté, le rang qu'il occupe dans la famille; et il allègue même qu'il est un des membres qui la représentent le plus directement; il est bon de lui faire mieux connaître quelle est sa filiation et celle de ceux dont il usurperait le nom.

On nous disait de sa part en première instance, et d'une manière assez dédaigneuse, que les personnes pour qui j'ai l'honneur de parler, avaient droit à peine au nom de Montmorency; que deux d'entre elles, M. le prince et M. le comte de Luxembourg, ajoutaient seulement à ce nom de Luxembourg celui de Montmorency. Mais M. Adalbert de Périgord ignore seul que MM. de Luxembourg sont en ligne directe et masculine nés Montmorency, et que le nom de Luxembourg n'est devenu le nom distinctif de leur branche que par suite de l'alliance que leurs ancêtres ont contractée avec l'unique héritière de la maison souveraine de Luxembourg. Il n'y a point en France de généalogie aussi anciennement constatée et aussi régulièrement établie que celle de cette grande maison; il n'est pas, d'ailleurs, nécessaire de remonter aux antiques origines de la famille de Montmorency pour préciser les rapports et les degrés de parenté des parties qui, dans le procès actuel, repoussent l'usurpation.

Toutes sont issues directement, soit par descendance masculine, soit par descendance féminine, du fils du malheureux Montmorency, comte de Bouteville, qui fut décapité après le fameux duel de la place Royale.

Ce fils était François-Henry de Montmorency, investi, par suite de son mariage avec l'héritière de la maison de Luxembourg, des terres, noms et titres de cette famille, et qui, devenu le maréchal duc de Luxembourg, a été l'un des plus illustres soutiens de la monarchie française.

Décédé en 1704, le maréchal de Luxembourg eut pour héritiers trois fils : l'aîné fut Charles-François-Frédéric, qui obtint en 1688, l'érection du duché de Beaufort en duché-pairie. L'arrière petite-fille de cet aîné des enfants du maréchal de Luxembourg, Charlotte de Montmorency, épousa en 1767 son cousin, M. de Montmorency, marquis de Fosseux, et c'est de ce mariage que sont issus l'aïeul maternel de M. Adalbert de Périgord et le père de Mmes de La Châtre et de Biencourt.

Le second fils du maréchal de Luxembourg fut Christian-Louis, chef de la branche des Montmorency-Luxembourg, princes de Tingry, duquel sont issus le prince et le comte de Montmorency-Luxembourg, demandeurs dans la cause actuelle.

Du troisième fils, Paul-Sigismond de Montmorency-Luxembourg, duc de Châtillon, descendait directement le dernier duc de Luxembourg, dont la veuve est partie intervenante au procès.

Or, quels sont les degrés de parenté de tous les descendants du maréchal de Luxembourg entre eux et avec leur illustre ancètre?

Au quatrième degré la descendance masculine du maréchal de Luxembourg est représentée par M. le prince et M. le comte de Montmorency-Luxembourg ; — au cinquième degré, aussi dans la descendance masculine, était le dernier duc de Luxembourg, représenté par sa veuve, Mme la duchesse douairière de Montmorency-Luxembourg ; — au sixième degré, dans la descendance féminine, par Charlotte de Montmorency, qui épousa le marquis de Fosseux en 1767, sont Mme de Montmorency, comtesse de La Châtre, et Mme de Montmorency, marquise de Biencourt ; — enfin au septième degré, aussi dans la descendance féminine, est notre adversaire, M. le comte Adalbert de Périgord, par sa mère, Mme la duchesse de Valençay.

Je viens de dire qu'en 1767, l'arrière petite-fille du maréchal de Luxembourg avait épousé son cousin le marquis de Fosseux ; et, comme seule héritière de la branche aînée des Montmorency-Luxembourg, lui apporta en mariage le duché-pairie de Montmorency. De ce mariage, sont issus deux fils : l'un fut le père du duc

Raoul de Montmorency, décédé en 1862, et de ses sœurs Mmes la princesse de Beaufremont et la duchesse de Valençay; l'autre fut le père de Mme la duchesse de Brissac, de Mme la marquise de Biencourt et de Mme la comtesse de La Châtre.

Ainsi, pour bien déterminer la positition respective des parties, il faut reconnaître que, dans la descendance du marquis de Fosseux, Mmes de La Châtre et de Biencourt étaient cousines germaines du dernier duc Raoul de Montmorency et de Mmes de Beaufremont et de Valençay, qu'elles sont par conséquent les tantes à la mode de Bretagne de M. Adalbert de Périgord, dont le dernier duc Raoul était l'oncle maternel.

Qu'en résulte-t-il? Que de tous les membres vivants de la famille, le descendant le plus éloigné, soit du marquis de Fosseux marié à Mlle de Luxembourg, soit du chef de la famille, le grand maréchal de Luxembourg, le plus éloigné, dis-je, de tous les descendants est, par sa mère, M. le comte Adalbert de Talleyrand-Périgord. Il a donc grand tort de prétendre qu'il est de ceux qui représentent plus directement la famille.

Mais revenons à l'examen du fond même des conclusions qui résument les prétentions de M. Adalbert de Périgord. Contre la double demande de la famille de Montmorency, il allègue qu'il n'a pris le *nom de Montmorency dans aucune circonstance*, que seulement il a joint à son propre nom le titre de duc de Montmorency. Il est inutile d'insister sur le démenti donné à cette assertion par des faits publics et notoires, notamment par la feuille de visite où, de sa propre main, M. Adalbert s'est inscrit sous le nom seul de *duc de Montmorency*, sans aucune indication ou de son nom de famille, ou de son nom de baptême. De toutes parts on se demandait quel était ce duc de Montmorency, inconnu de tous les membres de cette grande famille. Voilà le fait qui a motivé et qui justifie ce procès. Cette première allégation de M. Adalbert est donc inexacte.

Toutefois, constatons et retenons, en tout cas pour l'avenir, que M. Adalbert de Périgord reconnaît judiciairement qu'il n'a pas le droit de prendre isolément le titre et le nom de duc de Montmorency; il prétend seulement qu'un décret impérial lui attribue la faculté de joindre au nom de sa propre famille le titre honorifique de duc, aggrandi du nom de Montmorency. Mais c'est précisément l'adjonction de ce nom patronymique au titre ducal, qui est l'objet du procès actuel. C'en est l'objet unique. Nous ne contestons en aucune manière au souverain le pouvoir de conférer à qui il lui plaît des distinctions honorifiques et des qualifications nobiliaires ; mais nous maintenons que ces faveurs du souverain ne peuvent s'étendre jusqu'à ajouter au titre qu'il concède le nom propre d'une famille et d'en investir celui qui n'a point le droit de le porter. Nous soutenons qu'un décret qui pourrait avoir un semblable effet, constitue une violation flagrante de la propriété privée, qu'une telle atteinte doit être réparée par les Tribunaux et qu'il est du devoir de l'autorité judiciaire de faire respecter et de conserver par ses arrêts l'inviolabilité de ce qu'il y a de plus sacré dans les droits des familles.

Le système de M. le comte Adalbert consiste à dire qu'il faut distinguer le nom de seigneurie du nom propre d'une famille ; que le nom de Montmorency était originairement le nom du fief qui fut érigé en titre de duché-pairie par le roi Henry II, en 1551 ; que c'est ce même titre ducal qui, après diverses transmissions, lui est attribué par le décret du 14 mai 1864 ; qu'il a droit de porter ce titre avec le nom de seigneurie qui y est attaché ; que le nom de seigneurie est distinct du nom de famille ; que ces deux noms doivent être considérés comme étrangers l'un à l'autre, et que par un mode quelconque de transmission le nom de seigneurie peut appartenir à celui qui n'a point droit au nom de famille à titre successif.

Disons d'abord que, depuis une longue suite de siècles, le nom de Montmorency est le nom propre de cette illustre famille. Plus de cinq cents ans avant que la seigneurie ou le fief, qui fut appelé Montmorency, ait été élevé en titre de dignité, ait été érigé en duché-pairie, le nom de Montmorency était le nom patronymique, c'ést-à-dire le nom que tous les membres de la famille portaient héréditairement; tous, hommes et femmes, fils et filles, se sont appelés Messieurs, Mesdames et Mesdemoiselles de Montmorency, depuis Bouchard le Barbu au neuvième siècle.

On a cru, on a dit, on a répété dans le monde que ce nom de Bouchard était le vrai nom de la famille de Montmorency. Cette vulgaire erreur ne saurait se reproduire ; trop de monuments historiques constatent que le nom de Bouchard est un nom de baptême, qui a été adopté dans bien d'autres familles, comme il a été porté par plusieurs membres de la maison de Montmorency, dans la succession desquels on voit figurer alternativement, de génération en génération, Bouchard de Montmorency, Mathieu de Montmorency, Bouchard de Montmorency 2e du nom, Louis, François, Henry, Anne de Montmorency, Bouchard 3e du nom, etc.

L'adoption successive et alternative de ces divers noms de baptême est démontrée uniformément dans les actes recueillis par tous les généalogistes. On sait qu'antérieurement au dixième siècle, les personnes, en France, n'étaient dénommées que par leurs noms de baptême ou par quelques surnoms personnels ; il n'y avait point de nom patronymique qui fût porté héréditairement par tous les membres d'une famille et qui distinguât cette famille des autres familles du royaume. Mais depuis que les familles ont été constituées et connues sous un même nom propre, le nom de Montmorency a été, je le répète, commun à tous les membres, hommes et femmes, de la maison de Montmorency. Ce nom patronymique est-il venu du nom d'un fief seigneurial originairement possédé dans cette maison; est-ce au contraire le nom patronymique qui a été attaché au fief dont les sieurs de Montmorency étaient propriétaires en ces temps reculés? Cette question historique n'est pas sans importance. Sans doute, dans le plus grand nombre des maisons nobles, le nom adopté pour la famille a été celui des terres, châteaux et fiefs dépendants de leurs domaines, mais pour un grand nombre aussi des plus anciens et plus illustres seigneurs, le nom sous lequel ils étaient connus a été donné à leurs propriétés seigneuriales.

C'est ainsi que, malgré l'obscurité de ces antiques origines, les savants les plus distingués par leurs recherches historiques ne mettent pas en doute que les dénominations personnelles de leurs possesseurs ont été attachées aux fiefs des Larochefoucault, des Montfort-Lamaury, des La Roche-Lambert, des Montalembert, Montlhéry, Montgommery, Montferrand, etc.

Si je consulte non-seulement les vieilles légendes (1), mais les annales et les chartes anciennes, Eginhard, historien contemporain de Charlemagne, m'apprend que ce prince chargea l'un des ancêtres de MM. de Montmorency, *Burchardus comes stabuli*, de conduire de grandes expéditions en Corse et sur les côtes d'Italie, pour en chasser les Maures d'Espagne et d'Afrique. Ces expéditions se renouvelèrent avec les mêmes succès sous le règne de Charles le Chauve. Dans une

(1) Dans un *Traité* sur les généalogies, alliances et faicts illustres de la maison de Montmorency, imprimé à Paris, 1579, on lit qu'à la bataille contre les Sarrasins, entre Tours et Poitiers,

« Charles Martel dressa son armée en croissant, et donna la pointe au duc de Childe-
« brand, son oncle; puis commit la senestre à la conduite de nostre Guy, et se réserva
« la bataille, pour servir lui-mesmes d'exemple à sa gendarmerie, au plus fort
« du chamaillis. Ils s'attaquèrent à bon escient, et le Roy More se trouvant par fortune
« en la meslée où Guy avoit renversé un Sarrasin, ils se choquèrent vivement à
« coups de hache et d'espieu. Enfin Guy (dit le Blond) fut si adextre qu'il enjamba
« fort advantageusement sur le Payen, et de son espée le navra si outrément au costé
« gauche, qu'il mourut incontinant... »

En mémoire de cette victoire, « Nostre Blond fit bastir non loing de Paris le chas-
« teau de Montmorency, et entre autres inscriptions qui tesmoignoient l'insignité de
« ses vertus, furent gravés ces mots en table d'attente sur marbre, et poser en lieu
« éminent:

« MON MORE OCCIS. »

Suivant cette chronique ce serait à l'un des ancêtres des Montmorency, Guy, dit le Blond, que remonterait le prénom de *Morencius. Paulus Emilius,* cité par Moreri, dit que le nom de Montmorency fut pris d'un château que Bouchard *Maurence Maurencius* fit bâtir sur un lieu élevé comme on le voit à présent près de Paris. Ainsi *Montmorency* voulait dire : Château bâti sur un mont par *Maurence*.

M. Paulin Pâris, dont l'autorité est imposante dans l'étude de nos antiquités historiques, m'écrivait en janvier 1865 : « Le nom propre de *Maurencius* est l'origine la « plus exacte et la plus naturelle de Montmorency. »

charte attribuée à ce roi, sous la date de 845, le souvenir de ces guerres est consacré en ces termes : *Propter bona servitia quæ nobis fecit contrà Mauros de Corsicâ nobilis consanguineus noster Burchardus dux.* « Pour les bons services que nous a rendus notre cousin Bou- « chard contre les Maures de l'île de Corse. »

Cent cinquante ans plus tard il est écrit dans une Charte du roi Robert (998), que *Bouchard le Barbu*, *Bouchardus cognomine Barbatus*, possédait un château-fort dans l'une des îles de la Seine, *in insulâ Sequanæ tenebat munitionem.* Le roi, pour réprimer les exactions de ce seigneur contre les moines de Saint-Denis, fit détruire cette forteresse *eversum iri ipsam munitionem mandavimus*; mais suivant cette Charte de 998, Bouchard *le Barbu* avait été autorisé à construire un nouveau château-fort qui fut élevé à trois lieues de l'abbaye de Saint-Denis, *munitionem ei firmari concedentes quem Monsmauranciacum dicunt, fermè tribus leguis a castello Sancti Dionysii.*

Ce nom de *Monsmaurenciacus*, ou *Monsmorencius* se retrouve dans plusieurs chartes du dixième siècle : ainsi s'appelait alors le fief des seigneurs de Montmorency, et ce nom de fief était emprunté au surnom qu'avaient porté leurs pères.

Sans pouvoir en produire des preuves complètes et absolues, ni dissiper toute incertitude, il est permis d'affirmer que l'un des aïeux des Montmorency, premiers barons chrétiens, Guy, ou Bouchard, vainqueur des Maures sous Charlemagne et sous son petit-fils Lothaire, fut appelé le Mauresque, *Morencius*, ou *Maurentiacus*. comme Scipion a été surnommé l'Africain chez les Romains, et que ce surnom a été attaché au manoir de ces guerriers illustres.

Le nom de Montmorency n'aurait donc point été dans l'origine le nom de la seigneurie, mais le surnom de l'un des membres de la famille, transmis à tous ses héritiers et devenu incontestablement leur nom patronymique, serait au contraire devenu le nom de leur seigneurie.

Que si l'on n'admet pas, faute de preuve suffisante, qu'il en ait été ainsi dans la haute antiquité à laquelle je viens de remonter, j'aurai plus tard à vous montrer que ce fief, siége primitif de la maison de Montmorency, a cessé de lui appartenir depuis plus de deux cents; ans que le duché institué en 1551 a été aboli, après avoir passé dans d'autres mains; que c'est un autre fief qui a été érigé en duché en faveur de l'un de MM. de Montmorency et que c'est bien le nom de la famille qui a été donné à ce nouveau duché, en sorte que le titre ducal, a cessé d'être attaché à une seigneurie portant le nom de Montmorency, mais qu'au contraire, c'est le nom propre de la famille qui a été donné à une autre seigneurie, possédée plus tard par MM. de Montmorency. C'est ainsi que vous verrez en 1689 le fief du duché de Beaufort recevoir de ses propriétaires, en vertu de lettres-patentes du roi, le nom de Montmorency.

Il vous sera donc démontré, Messieurs, qu'au moins depuis plus d'un siècle et demi, il n'est pas possible de distinguer le nom que l'on reconnaît être patronymique du nom de seigneurie, puisque c'est la seigneurie érigée en duché qui a emprunté le nom de la famille.

Pour autoriser et pour soutenir une prétendue distinction entre le nom patronymique et le nom seigneurial de Montmorency, malgré les faits les plus authentiques et les actes légaux les plus solennels, pour que cette distinction parût aujourd'hui ressortir du nouvel acte obtenu de la faveur du souverain, on a multiplié dans l'exposé, sur la foi duquel le décret a été rendu, les suppositions et les erreurs historiques les plus inconcevables.

Je dois ici les signaler à la Cour, avant de discuter quels pourraient être dans tous les cas les effets légitimes et les conséquences légales de ce décret. Je le répète, il contient dans ses motifs, dans son préambule, autant d'erreurs que de mots; c'est cependant sur l'avis du Conseil du sceau des titres qu'il a été rendu. On ne peut pas plus étrangement ignorer l'histoire d'une famille, au moment même où l'on va disposer de son nom. Le décret est ainsi conçu :

« Vu la requête présentée au nom de M. de Talleyrand-Périgord « (Nicolas-Raoul-Adalbert), né à Paris le 28 mars 1837, tendant

« obtenir la concession *du titre héréditaire de duc de Montmorency,* « *conféré*, suivant lettres-patentes du roi Henri II, du mois de février « 1551, *transmis une première fois par le roi Louis XIV,* en vertu de « lettres-patentes du mois d'octobre 1689, à Charles-François-Fré- « déric de Montmorency-Luxembourg, prince de Tingry ; *une seconde* « *fois par le roi Louis XV,* par lettres-patentes de décembre 1767, à « Anne-Léon de Montmorency, marquis de Fosseux, et à ses enfants « mâles à naître, et descendants de mâle en mâle eu légal mariage, « et *recueilli en* 1846 par son oncle maternel, M. Louis-Raoul-Vic- « tor, dernier descendant mâle du marquis de Fosseux, décédé sans « postérité le 18 août 1862, en la personne duquel s'est éteint le ti- « tre de duc de Montmorency ;

. . . .

« Avons décrété et décrétons ce qui suit :

« Art. 1er. Nous concédons à M. de Talleyrand-Périgord (Nicolas- « Raoul-Adalbert) pour en jouir, lui et sa descendance directe lé- « gitime de mâle en mâle, et par ordre de primogéniture, le titre « de duc de Montmorency qui s'est éteint en la personne de son « oncle maternel, etc. »

Tout est erreur historique dans cet exposé. Si messieurs les membres du Conseil du Sceau l'ont approuvé et ont été d'avis de la rédaction du décret qui l'adopte, l'Empereur a été bien mal avisé par eux. C'est la volonté d'attribuer le nom de Montmorency à celui qui ne peut pas avoir le droit de le porter, qui a fait dire faussement dans ce préambule du décret que le titre de duc de Montmorency conféré par les lettres-patentes du roi Henri II aurait été *transmis par Louis XIV* en 1689 à Charles de Montmorency-Luxembourg et une seconde fois par Louis XV en 1767 au marquis de Fosseux et aurait été recuelli héréditairement par le duc Raoul, décédé sans postérité en 1862.

Cette supposition de transmissions successives du duché et du titre héréditaire constitué en 1551 n'a eu pour objet que d'introduire la prétendue distinction entre le nom de seigneurie et le nom de famille, qui est l'unique base en 1864 des prétentions de M. de Perigord et du système développé en sa faveur dans le procès actuel.

C'est sur ce fondement qu'on essaie de soutenir que le titre de seigneurie, le nom seigneurial de Montmorency pouvait être en 1864 concédé par décret à celui qui ne peut pas porter le nom de la famille de Montmorency sans une usurpation de la propriété privée que l'autorité judiciaire doit réprimer.

Pour reconnaître combien est inexact l'exposé présenté à la signature impériale, à l'insu des parties intéressées, relisons les lettres-patentes données par le roi Henri II en 1551 :

« Sçavoir faisons que *ayant égard à ce que la baronnie de Mont-*
« *morency est la première baronnie de France. dont sont tenus et mou-*
« *vants bon nombre de beaux fiefs et arrière-fiefs, aucuns desquels sont*
« *tenus et possédés par notredit cousin*, ainsi que nous avons bien
« voulu savoir de lui, et davantage il a auprès et joignant dudit
« Montmorency les chastel, terre et seigneurie d'Ecouen, sous le
« ressort de notre baillage de Senlis, en lesquels lieux d'Écouen et
« Chantilly, il y a deux des plus belles maisons et aussi excellem-
« ment bâties que nulles autres de notre royaume, et *pour autant*
« *que la baronnie avec lesdits fiefs et arrière-fiefs, et sont possédés par*
« *notredit cousin*, et aussi lesdites terres et seigneuries d'Ecouen,
« Montespillouer, Champversi, Courteil, Vaux-le-Creil, Tillays, le
« Plessis et la Villeneuve, leurs appartenances et dépendances, *joint*
« *et uni que le tout soit ensemble* l'on peut tirer, ainsi que nous som-
« mes dûment avertis, un revenu annuel qui est suffisant et capable
« de recevoir, maintenir et entretenir *les noms, titres*, et *dignités de*
« *duché*,

« Pour ces causes..., *joignons, unissons et incorporons à ladite ba-*
« *ronnie de Montmorency*, du vouloir et consentement de notredit
« cousin, *lesdites terres et seigneuries* d'Écouen, Chantilly, Montes-
« pillouer, Champversi et autres dessus nommées, leursdites appar-
« tenances et dépendances, et *laquelle baronnie. avec les fiefs et ar-*

« *rière-fiefs qu'en tient et possède notredit cousin étant ainsi réunie et* « *augmentée* par le moyen desdites adjonction, union et incorporation, *avons créé et érigé, créons et érigeons en titre, nom et dignité* « *et prééminence de duché et pairie de France, voulons et nous plaît,* « *lesdites baronnie, terres et seigneuries, être dorénavant dites et appe-* « *lées duché et pairie, pour en jouir et user par notredit cousin Anne* « *de Montmorency,* et après son décès par ses hoirs et successeurs « mâles, sieurs dudit Montmorency, à toujours perpétuellement *en* « *titre de duc et pair de France,* et tout ainsi que les autres ducs et « pairs en jouissent et usent. »

Les termes de cette institution, conformes aux principes de notre ancien droit, aux règles du régime féodal, ne permettent pas d'hésiter un moment sur le caractère et sur les conséquences d'un pareil acte. C'est la terre qui est élevée en dignité, érigée en duché-pairie, c'est à la possession de la terre qu'est attaché le droit de prendre le titre de duc et pair, c'est-à-dire qu'il fallait posséder le fief pour se dire et se qualifier duc de Montmorency.

La transmission de ce titre honorifique était entièrement dépendante de la transmission du fief auquel il était attaché : *pour autant que la baronnie avec lesdits fiefs et arrière-fiefs qui en dépendent et sont possédés par notredit cousin.* La possession du fief et de son nom était indivisible. Voyons ce que sont devenus et le titre ducal et la seigneurie érigée en duché.

Le duché de Montmorency a été transmis de père en fils dans la famille de Montmorency jusqu'au malheureux Henri de Montmorency qui, en 1632, fut condamné par le parlement de Toulouse.

Ce n'est pas parce que Henri de Montmorency est mort sur l'échafaud que le cardinal de Richelieu avait fait dresser, que le titre de duc a cessé d'être transmis dans sa famille, mais parce que l'arrêt du parlement déclara le duché aboli, et complétement éteint.

A dater de cejour, depuis le mois d'octobre 1632, il n'y avait plus en France de duché de Montmorency, par conséquent plus de duc de Montmorency ; mais le nom patronymique de Montmorency ne cessa pas d'être porté par tous les membres des très-nombreuses branches qui composaient alors cette grande et noble maison (1).

Laissons donc de côté l'institution de 1551 si malheureusement rappelée par le décret impérial. Je le répète, le duché érigé en 1551 a été complétement et irrévocablement aboli par l'arrêt du Parlement de Toulouse en 1632.

La seconde conséquence de la condamnation du duc de Montmorency fut la confiscation de ses biens, lesquels furent attribués au roi. Mais Louis XIII ne voulut pas garder la possession des magnifiques domaines qui provenaient de cette confiscation, et par des lettres-patentes du mois de mars 1633, le roi disposa des biens dépendants du duché de Montmorency dans les termes que voici :

« Le titre de duché-pairie de la terre et seigneurie de Montmo-« rency, ayant esté déclaré esteint et supprimé par arrest rendu au « Parlement de Thoulouze, le 30 octobre dernier, et les biens du feu « duc de Montmorency, à nous acquis et confisquez, comme notre « intention n'a point esté de profiter desdits biens, ains d'en gra-« tifier ses héritiers, spécialement en faveur de nos très-chers et très-« amez cousin et cousine le prince et la princesse de Condé, aux-« quels nous avons donné, quitté et remis *partie desdits biens* (2), « ainsi à nous acquis, et voulant témoigner combien les services de « nostredit cousin nous sont agréables, et *désirant que ladite terre*

(1) En 1632, vivaient en effet François de Montmorency, marquis de Thury, baron de Fosseux; le jeune François-Henry de Montmorency, comte de Bouteville, qui fut depuis le maréchal de Luxembourg; François de Montmorency, seigneur de Châteaubrun; son frère Charles, seigneur de Neuvy; Pierre de Montmorency, seigneur de Lauvesse; Eugène de Montmorency, prince de Robecque; Hugues de Montmorency-Laval et plusieurs autres.

(2) La totalité des biens qui composaient le premier duché de Montmorency, érigé en 1551, fut, suivant lettres-patentes enregistrées au Parlement de Paris, partagée entre : 1° Charlotte de Montmorency, épouse de Charles de Valois duc d'Angoulême; 2° Marguerite de Montmorency, épouse d'Anne de Lévis, duc de Ventadour, et 3° Charlotte-Marguerite de Montmorency, épouse d'Henry de Bourbon, prince de Condé.

« *de Montmorency par nous à eux délaissée ne soit pas tenüe sous*
« *moindre titre, dignité et qualité qu'elle a esté par les prédécesseurs*
« *ducs de Montmorency,* ni ledit arrêt avoir lieu en ce regard, ains
« plustôt *augmenter et amplifier la dignité de ladite terre* en considéra-
« tion de l'honneur que nostredit cousin et cousine ont de nous ap-
« procher de parenté de si près.....

« Avons par ces présentes signées de nostre main, et de nostre
« grâce spéciale, pleine puissance et autorité royale icelle terre et
« seigneurie de Montmorency, *avec les terres unies et incorporées à*
« *icelle,* DE NOUVEAU *créé et érigé, créons et érigeons en titre qualité,*
« *dignité et prééminence de duché et pairie de France pour en jouir et*
« *user* par nostre dit cousin et cousine les prince et princesse de
« Condé, et après leurs déceds par leurs hoirs et successeurs masles
« et femelles, seigneurs dudit Montmorency, à toujours perpétuel-
« lement en titre de duc et pair de France.

« Nous avons fait mettre nostre scel à cesdites présentes sauf en
« autres choses nostre droit, et l'autruy en toutes. »

Remarquez, Messieurs, ces derniers mots : *Sauf en autres choses notre droit et l'autrui en toutes,* formule solennelle, sorte de maxime légale qui se retrouve dans toutes les lettres-patentes, édits, déclarations de la royauté française, qui auraient pu porter atteinte à des droits privés; formule qui, en maintenant le respect de toutes propriétés privées, et réservant aux sujets la faculté de les revendiquer et de les faire protéger par la justice ordinaire contre les actes de la souveraineté, consacrait ce que dans le célèbre arrêt prononcé, en 1827, sous la présidence de M. Henrion de Pansey, la Cour de cassation appelle noblement L'HEUREUSE IMPUISSANCE DE NOS ROIS J'invoquerai plus tard les principes sanctionnés par cet arrêt, rendu sous le régime constitutionnel de la Restauration.

Le duché de Montmorency, constitué en 1551, n'a donc point été transmis, ainsi qu'il est dit dans le décret impérial de 1864. Ce duché avait été aboli, ce premier titre ducal avait été déclaré éteint par l'arrêt du Parlement de Toulouse. Il ne pouvait donc plus être transmis; mais une *partie* des biens qui composaient ce grand fief étant devenue la propriété du prince et de la princesse de Condé, elle a été *à nouveau* érigée en duché-pairie par les lettres de 1633. Ce nouveau titre ducal, attaché à la seignenrie de Montmorency, et dont la jouissance était inséparable de la possession de cette seigneurie, a fait passer le nom de duc de Montmorency dans la maison de Condé, et il est vrai de dire qu'alors le nom de la seigneurie fut distinct du nom de famille qui, comme je viens de le dire, ne cessa pas d'être porté par tous les membres de la maison de Montmorency, tandis que le nom seigneurial était dévolu aux nouveaux propriétaires d'une partie de l'ancienne seigneurie, et en raison seulement de leur possession et de leur droit de propriété.

Alors la distinction du nom de seigneurie et du nom patronymique était réelle; le droit au nom seigneurial était inhérent au droit à la propriété de la seigneurie, propriété dévolue désormais à une autre famille que celle à laquelle appartenait le nom patronymique.

Cette distinction et cette séparation du nom de seigneurie et du nom de famille était réelle, je le répète, sous l'empire du régime féodal, et conformément à la législation des fiefs. Mais il n'y a rien de pareil dans la fiction sur laquelle repose aujourd'hui la prétention de M. Adalbert qui, en recevant un titre honorifique, voudrait y ajouter le nom d'une seigneurie qu'il ne possède pas; nom qui est resté la propriété privée et inviolable de la famille de Montmorency.

Je poursuis, Messieurs, et je vais achever de vous démontrer que les transmissions du titre ducal et du nom seigneurial de Montmorency, allégués dans le décret de 1864, n'ont jamais eu lieu et qu'il n'est pas possible de faire remonter à l'institution de 1551, le titre honorifique concédé à M. le comte de Périgord.

Plus de deux cent trente ans se sont écoulés depuis que l'antique seigneurie et le duché de Montmorency ont cessé d'être possédés et transmis dans la famille de Montmorency. Mais, après avoir perdu le titre de duc de Montmorency, les descendants des premiers barons chrétiens, les fils du grand connétable Anne de Montmorency, dépossédés de leur antique seigneurie depuis 1632, réunirent d'autres duchés et titres de ducs et pairs.

La seigneurie de Piney érigée en duché-pairie par le roi Henry III en 1576, entra dans la maison de Montmorency par le mariage de François-Henri de Montmorency en 1661 avec Marguerite, duchesse de Luxembourg et de Piney ; ce mariage et cette transmission du duché de Piney, furent approuvées par lettres-patentes de 1662, et le titre de duc de Piney est resté dans la branche des Montmorency-Luxembourg, ducs de Châtillon, jusqu'au dernier duc de Montmorency-Luxembourg, dont la veuve est partie intervenante dans le procès actuel.

La seigneurie de Châtillon-sur-Loing fut, par lettres-patentes de février 1696, érigée en duché-pairie en faveur de Paul-Sigismond de Montmorency-Luxembourg, troisième fils du grand maréchal de Luxembourg, qui garda et transmit dans cette branche des Montmorency le titre de duc de Châtillon.

Peu d'années auparavant, au mois de mars 1688, Charles-François-Frédéric de Montmorency, acheta le duché de Beaufort, qui avait été érigé en 1597 par Henry IV en faveur de César de Vendôme. Cette acquisition fut approuvée, et l'érection de la seigneurie de Beaufort en duché-pairie fut confirmée par lettres-patentes du roi Louis XIV, au mois de mai de la même année 1688. Ce n'est pas là une transmission du titre ducal créé en 1551.

J'obéis à un mouvement de satisfaction de mon orgueil national, autant qu'à mon devoir d'avocat, en vous donnant lecture entière de ces lettres royales, noble monument du respect que le grand roi avait pour les gloires de la patrie, et pour les nobles souvenirs des familles qui l'ont illustrée.

« Louis, par la grâce de Dieu, roi de France et de Navarre, à tous « présents et à venir, salut.

« Nous avons toujours désiré de conserver les premières maisons « de notre royaume dans les titres, honneurs et dignités dont elles

« ont joui, et de les augmenter lorsqu'elles l'ont mérité par leurs « services; et considérant que notre très-cher et bien-amé cousin « Charles-François-Frédéric de Montmorency-Luxembourg, prince « de Tingry, est issu d'une des plus illustres qui a donné à l'État « plusieurs personnes recommandables par leur vertu et par leur « valeur, qui ont possédé les premières charges depuis plusieurs « siècles, particulièrement Albéric de Montmorency qui, du règne de « Henri Ier, possède la charge de connétable de France; Thibaut, « seigneur de Montmorency, lequel fut revêtu de la même charge « en 1083; Mathieu Ier, qui en fut honoré du règne de Louis-le-« Jeune, et Mathieu II pareillement, sous le règne de Philippe-Au-« guste, lequel releva en sa personne la dignité et l'éclat de cette « grande charge, qui a passé depuis à Anne de Montmorency, « maréchal et grand-maître de France, et ensuite à Henry, maré-« chal de France, qui fut honoré de la même charge de connétable « en 1593.

« A l'imitation de tous lesquels et de plusieurs autres de la même « maison, qui ont été maréchaux et amiraux de France, notre très-« cher et très-amé cousin François-Henry, de Montmorency, duc « de Luxembourg et de Piney, pair et maréchal de France, capitaine « de la première et plus ancienne compagnie française des gardes de « notre corps, père de notre dit cousin le prince de Tingry, a donné « en toutes occasions des marques de son grand courage et de son « affection pour notre service ; car après avoir rempli plusieurs em-« plois de guerre convenables à son âge et à sa qualité, nous fîmes « choix de lui lorsque nous déclarâmes la guerre à l'Espagne, en « 1667, pour servir en qualité de lieutenant-général en notre armée « en Franche-Comté. »

Ici le roi rappelle le commandement en chef de l'armée confédérée dans la guerre contre la Hollande, les siéges de Groot et de Deventer, les conquêtes dans les provinces unies, les siéges de Valenciennes, de Cambrai, de Charleroi, le combat de Senef, les batailles de Castel et autres occasions.

Les lettres-patentes se terminent en ces termes :

« Et comme nous avons lieu d'espérer que notre dit cousin le « prince de Tingry, auquel nous reconnaissons plusieurs rares qua- « lités... *suivra l'exemple de son père et de tant d'illustres ayeux*, et « soutiendra l'éclat de cette grande maison, qui, après avoir eu l'a- « vantage de prendre plusieurs alliances, dans la maison de France, « se trouve présentement unie, en la personne de notredit cousin le « prince de Tingry, à celle de Luxembourg dont il est héritier et « qui a donné à l'Europe des empereurs, rois et souverains, et plu- « sieurs personnes d'un rare mérite, qui ont possédé les charges « de connétable, grands-maîtres, maréchaux de France et autres « grandes charges de notre royaume.

« Toutes ces considérations nous ont porté à joindre aux titres et « honneurs que la naissance lui donne, celui de duc, *laquelle dignité « nous avons voulu laisser à la terre et duché de Beaufort*, étant bien « aise que *cette terre* qui a été ci-devant érigée en duché et pairie « par lettres du roi Henri IV notre ayeul de glorieuse mémoire, du « mois de juillet 1597, en faveur de son fils naturel César de Ven- « dôme, *continue à porter le titre de duché* en faveur de notre dit « cousin le prince de Tingry et de ses descendants.

« A ces causes...

« Agréons et *approuvons l'acquisition faite par notre dit cousin le « prince de* Tingry *dudit duché de Beaufort*, et ledit duché, circon- « stances et dépendances avons de nouveau créé, élevé, et érigé, « créons, élevons et érigeons en titre, *nom* et dignité de duché, *pour « en jouir* par *notre dit cousin* le prince de Tingry, ses enfants et « descendants, tant mâles que femelles, nés et à naître en légal ma- « riage, à perpétuité, avec tous les honneurs, rang, prérogatives et « prééminences y appartenant.

« Sans qu'au moyen de la présente érection dudit duché, et à dé- « faut d'hoirs mâles et femelles, ledit duché puisse être par nous ni « par nos successeurs Rois réuni à la couronne, en conséquence des « édits et déclarations des années 1566, 1579, 1581, et 1582, aux-

« quels en faveur de notre dit cousin le prince de Tingry nous avons « dérogé et dérogeons par ces dites présentes, sans laquelle déroga- « tion et condition notre dit cousin n'eût voulu accepter notre pré- « sent don, grâce et libéralité, et consentir à la présente continua- « tion et création. »

« Si donnons en mandement, etc. »

Où trouver, Messieurs, un aussi beau titre de famille que ces lettres-patentes de Louis XIV? Quel solennel hommage rendu à cette longue suite de générations illustres! quelle consécration par le grand roi de l'honneur attaché au grand nom de Montmorency, rayonnant de gloire sur toutes les pages de notre histoire nationale! Imaginez-vous une propriété plus noble et plus chère, que la propriété d'un tel nom? un droit plus sacré que celui de le revendiquer et de combattre les caprices d'une usurpation que rien ne saurait excuser? Si en accordant une faveur, une concession honorifique, dans l'exercice du droit du souverain, il a été porté atteinte au droit privé d'autrui, de cet *autrui* respectable *en toutes choses*, ne donnerez-vous pas à ce droit une protection égale à celle que chaque jour vous assurez religieusement par vos arrêts à toutes les propriétés privées même à la possession légale des biens moralement mal acquis!!

Remarquons encore qu'aux termes de ces lettres-patentes, c'est à la terre de Beaufort que la dignité est laissée ; c'est la terre qui *continuera à porter le titre de duché* en faveur du prince de Tingry, qui en jouira, ainsi que ses descendants, en titre de duc, parce qu'il a fait l'acquisition du duché, laquelle acquisition étant approuvée, la terre de Beaufort est *de nouveau créée, élevée, érigée* en titre, *nom* et dignité de duché.

Ainsi en 1688, dépossédés de la seigneurie qui porta leur nom, et tant par suite de l'abolition des lettres d'érection de 1551, que par l'effet même de cette dépossession du fief, MM. de Montmorency avaient cessé d'avoir droit au titre de ducs de Montmorency, ce titre était passé avec le fief et par une institution nouvelle, dans la maison de Condé. La maison de Montmorency ne possédait plus dans ses diverses branches, que les seigneuries et en même temps les titres et noms de ducs de Piney, ducs de Luxembourg, ducs de Châtillon, ducs de Beaufort.

Voyons maintenant ce que sont devenus avec la seigneurie, le duché et le titre de duc de Montmorency.

Le grand Condé était mort en 1686, il avait immortalisé à Rocroy le nom et le titre de duc d'Enghien, et son fils désira que ce nom glorieux, qui devait être à jamais cher et respecté en France, fût désormais attaché à son duché de Montmorency et pour satisfaire à ce pieux désir, Louis XIV octroya les lettres-patentes de septembre 1689, dont voici les termes :

Les lettres rappellent d'abord que la baronnie de Montmorency ayant été érigée en 1551, par le roi Henry II en duché-pairie en faveur du conneatble Anne de Montmorency, ce duché a été *esteint et acquis au roy Louis* 13me *par arrest rendu en nostre Parlement de Toulouze le* 30me *octobre* 1632, et que le seigneur roi Louis XIII *créa et érigea de nouveau ledit duché et pairie de Montmorency* en faveur du prince et de la princesse de Condé, ayeul et ayeule de Henry, Jules de Bourbon, prince de Condé, puis il est dit : « Notre dit cousin le « prince de Condé nous a très-humblement supplié de changer le « nom dudit duché et pairie de Montmorency *dont il est proprié-* « *taire* en celui d'Anguien, pour sous ledit nom posséder le même « duché et pairie, avec les mesmes honneurs, titres, dignités, ap- « partenances et dépendances, comme il en a joui sous le nom de « duché et pairie de Montmorency, et, à cet effet, lui accorder nos « lettres à ce nécessaires.

« A ces causes...

« Nous avons changé et commué, changeons et commuons par « ces présentes signées de nostre main le nom dudit duché en pairie « d'Anguien, et *voulons que la ville de Montmorency, qui est la ca-* « *pitale dudit duché, soit appelée Anguien;* permettant à nostredit

« cousin et à ses successeurs masles et femelles, *seigneurs dudit* « *duché et pairie*, de se dire et nommer duc d'Anguien et pair de « France...

« Pourvu toutefois que ledit changement de nom ne préjudicie à « nos droits, ni à ceux d'autrui. »

Ces lettres-patentes de septembre 1689 furent suivies d'autres données à Versailles au mois d'octobre de la même année et ainsi conçues :

« Par nos lettres du mois de mai 1688, registrées en notre Cour « de Parlement, le 13 juillet de la même année, nous avons créé de « nouveau, et érigé en faveur de notre très-cher et bien amé cousin « Charles-François-Frédéric de Montmorency-Luxembourg, prince « de Tingry, le duché de Beaufort pour en jouir par lui et ses des- « cendants à perpétuité..... Depuis lequel temps notre très-cher et « très-amé cousin le prince de Condé, ayant fait changer le nom du « duché de Montmorency à lui appartenant, en celui d'Anguien, « nostre dit cousin le prince de Tingry, qui désire de *faire appeler* « *le duché de Beaufort de son nom de Montmorency*, nous aurait très- « humblement supplié d'agréer que ledit duché de Beaufort portât « aussi à l'avenir le nom de Montmorency, et de lui accorder nos « lettres de permission et de commutation à ce nécessaires. A ces « causes, voulant en toute occasion traiter favorablement notredit « cousin Charles-François-Frédéric de Montmorency-Luxembourg, « de notre grâce spéciale, pleine puissance et autorité royale, nous « avons commué *et changé*, commuons et changeons par ces présen- « tes signées de notre main, le *nom dudit duché de Beaufort en celui* « *de Montmorency*, duquel nous voulons et nous plaît qu'il soit à l'a- « venir appelé.....

« *Sans que pour raison de ce changement de nom, il soit rien innové* « *audit duché et ses dépendances*... et que ces présentes ne préjudi- « cieront à nos droits ni à ceux d'autrui. »

A la lecture de ces deux actes souverains, vous reconnaissez,

Messieurs, combien il est contraire à la vérité historique d'écrire dans le décret de 1864 que *le titre héréditaire de duc de Montmorency conféré en 1551 a été transmis par le roi Louis XIV en 1689 à Charles-François-Frédéric de Montmorency-Luxembourg.* On a eu recours à cette altération de la vérité historique pour introduire la fiction d'une transmission actuelle du titre héréditaire attaché à la seigneurie de Montmorency et du nom de cette seigneurie, de ce nom seigneurial que l'on veut ainsi faire considérer comme distinct du nom patronymique.

Mais non! le titre ducal de 1551 n'a pas été transmis en 1689; nous savons qu'il a été aboli sur l'échafaud de Toulouse, et le monde entier ne saurait oublier sous quelle autre immolation le second duché de Montmorency, devenu le duché d'Enghien, a été éteint. Il m'est impossible de comprendre comment on a pu avoir la pensée, devant le Tribunal de 1re instance, d'affirmer que c'était ce même titre seigneurial, cette même couronne ducale qu'un décret du second Empire poserait aujourd'hui sur la tête de M. Adalbert de Talleyrand.

Qu'on ne prétende donc pas que le nom de l'antique seigneurie peut être aujourd'hui concédé à qui que ce soit et venir se confondre avec le nom patronymique de la famille de Montmorency; c'est le nom patronymique seul qui désormais subsiste, et ne peut être porté par un étranger sans une flagrante usurpation, sans une violation du droit de famille qui doit être réprimée par votre autorité indépendante et toute puissante pour faire respecter les droits privés de tous les citoyens. Ce n'est point le nom seigneurial de Montmorency, c'est le nom propre de M. Charles-François-Frédéric de Montmorency-Luxembourg qui, par lettres-patentes d'octobre 1689, a été attaché au duché de Beaufort, créé à nouveau en sa faveur au mois de mai 1688, et parce qu'il *a demandé* que son duché *fût appelé de son nom.*

Je le répète, qu'on ne parle donc plus du nom de la seigneurie de Montmorency, c'est sous son nom patronymique, sous le nom propre de sa famille, que M. de Montmorency a été autorisé à transmettre son duché à ses héritiers. Remarquez, en effet, Messieurs, les derniers mots des lettres-patentes d'octobre 1689, par lesquelles le roi, voulant que le duché de Beaufort soit *appelé à l'avenir* du nom de Montmorency, il est dit : *sans que, pour raison de ce changement de nom, il soit rien innové audit duché.*.

Avant d'aller plus avant et d'invoquer les dispositions des actes solennels postérieurs à 1689, permettez-moi d'appeler encore votre attention sur une clause des lettres-patentes de 1688, qui ont érigé la seigneurie de Beaufort en *titre, nom* et duché, il y est dit : « *sans qu'à* « *défaut d'hoirs mâles et femelles, ledit duché puisse être par nous, ni* « *par nos successeurs rois, réuni à la couronne,* en conséquence des « édits et déclarations des années 1566, 1579, 1581 et 1582, aux- « quels, en faveur de notredit cousin le prince de Tingry, *nous avons* « *dérogé et dérogeons, sans laquelle dérogation et condition, notre* « *dit cousin n'eût voulu accepter notre présent don, grâce et libéralité,* « *et consentir à la présente création.* »

Vous savez, Messieurs, qu'aux termes des édits et déclarations de 1566 et années suivantes, la faveur insigne par laquelle le roi consentait à ce qu'une terre, une seigneurie fût élevée en dignité et reçût le titre de duché-pairie, n'était accordée qu'à la condition que, s'il y avait extinction dans la descendance du possesseur du duché, les biens qui le composaient et le titre dont il était honoré faisaient retour à la couronne, et le souverain en disposait à son gré. — Dans l'institution de 1688, le roi renonce à cette prérogative, et il en résulte que le duché, ne devant pas faire retour à la couronne, le roi ne pouvait disposer ni de la seigneurie, ni du titre ducal qui y était attaché.

Cette clause des lettres-patentes de 1688 à la main, j'ai donc le droit de dire, après avoir rejeté la prétendue transmission par Louis XIV du titre ducal concédé en 1551, qu'il n'est resté dans la maison de Montmorency que le titre ducal érigé en 1688. J'ai le droit de dire que la concession et la transmission que l'on prétendrait faire aujourd'hui de ce même titre sous la dénomination seigneuriale de duc de Montmorency est manifestement contraire aux conditions constitutives de son érection et serait la violation des réserves expresses contre une semblable concession que voudrait faire le souverain, réserves stipulées par le petit-fils du maréchal de Luxembourg et acceptées par le roi Louis XIV.

Ce que je dis ici de l'impossibilité de tolérer en justice l'idée de la concession en 1864 d'un titre ducal sous la dénomination de duc de Montmorency, va être pour vous, Messieurs, plus évident encore à la lecture des lettres-patentes données par Louis XV en 1767.

A cette époque, Mlle Anne-Charlotte de Montmorency-Luxembourg, arière petite-fille du maréchal de Luxembourg et aînée de sa branche, fut appelée à recueillir le duché de Beaufort-Montmorency, constitué en 1688 et 1689 héréditairement pour les descendants mâles ou femelles. Un partage eut lieu au mois de septembre 1767 entre Mlle de Montmorency-Luxembourg l'aînée et la demoiselle sa sœur puînée, et par cet acte, moyennant récompense donnée à cette dernière, l'entière propriété du duché est restée à Mlle Anne-Charlotte de Montmorency.

Un mariage fut alors projeté entre cette demoiselle et son cousin, Anne Léon de Montmorency, marquis de Fosseux. Celui-ci était issu du second des fils de Jean de Montmorency, deuxième du nom, qui en 1422 avait épousé Jeanne dame de Fosseux et de Nivelle.

M. le marquis de Fosseux se trouvait, en 1767, le chef de la branche aînée des Montmorency, par suite de la fatale destinée des autres enfants de Jean de Montmorency : celle de l'aîné s'étant éteinte en 1570, sous les vengeances du duc d'Albe, et celle du puîné ayant fini sur l'échafaud de Toulouse, en 1632.

Le projet de mariage de Mlle de Montmorency-Luxembourg dut être soumis à l'approbation du roi, pour la confirmation en la personne de son futur mari du duché de Beaufort-Montmorency, dont elle était héritière ; ainsi le prescrivait l'édit du mois de mai 1711, portant règlement général pour les duchés-pairies, et dont l'article 10 ordonne que ce qui y est dit pour les ducs et pairs *ait lieu pareillement pour les ducs non pairs*.

Cet édit avait pour objet de mettre fin aux droits de succession féminine dans les titres des duchés-pairies.

Les articles 4 et 5 sont ainsi conçus :

« Art. 3. Par les termes d'hoirs et successeurs et par les termes « d'ayants-cause, tant insérés dans les lettres ci-devant accordées qu'à « insérer dans celles qui pourraient être accordées à l'avenir, *ne « seront et ne pourront être entendus que les enfants mâles descendus de « celui en faveur de qui l'érection aura été faite*, et que les mâles qui « en seront descendus, de mâles en mâles, en quelque ligne et degré « que ce soit.

« Art. 5. Les clauses générales, insérées ci-devant dans quelques « lettres d'érection de duchés et pairies, *en faveur des familles*, et qui « pourraient l'être en d'autres à l'avenir, *n'auront aucun effet qu'à « l'égard de celle qui descendra et sera de la maison et du nom de celui « en faveur duquel les lettres auront été accordées*, et à la charge de « n'épouser qu'une personne que nous jugerons digne de cet hon« neur, et dont nous aurons agréé le mariage par des lettres-pa« tentes qui seront adressées au Parlement de Paris, et qui porteront « confirmation du duché en sa personne et descendants mâles, et « *n'aura ce nouveau duc, rang et séance que du jour de sa réception « au Parlement sur nosdites lettres.* »

Remarquez, Messieurs, ces termes de l'édit, quand on veut vous demander de sanctionner la concession faite du titre de duc de Montmorency à une personne qui n'a aucun droit de porter ce nom. Les clauses d'érection des duchés en faveur des femelles ne peuvent, à dater de 1711, avoir aucun effet qu'à l'égard de celle qui descendra et sera de la maison et du nom..... *et sera du nom de celui en faveur duquel les lettres auront été accordées*. Et encore n'est-ce qu'à la charge de n'épouser qu'une personne que le roi jugera digne de posséder cet honneur et dont le mariage aura été agréé par des lettres–patentes qui porteront *confirmation du duché en sa personne et descendants mâles.*

C'est conformément à ces disposition de l'édit qu'ont été données à Versailles, au mois de décembre 1767, les lettres-patentes, les dernières que j'aie à mettre sous vos yeux, mais que je dois vous faire connaître en entier.

« Louis, par la grâce de Dieu, Roy de France et de Navarre,

« A tous, présents et à venir, salut.

« *Le mariage de notre très-cher et très-amé cousin Anne-Léon de* « *Montmorency, chef des noms et armes de sa Maison, avec notre très-* « *chère et bien amée cousine Anne-Charlotte de Montmorency-Luxem-* « *bourg, ayant été proposé, Nous avons été déterminé par les motifs* « *les plus pressants à y donner notre agrément.* Ledit sieur Mar- « quis de Fosseux est destiné à être le chef de cette Maison, « qui, par la très-grande ancienneté de sa Noblesse, l'éclat de ses « alliances, les grands hommes qu'elle a produits et les Dignités « éminentes dont ils ont été revêtus, est une des plus illustres de « notre Royaume; d'autre part ladite demoiselle née de la même fa- « mille est la fille aisnée d'une Branche à laquelle le Marquis de « François-Henry Comte de Montmorency, Duc de Luxembourg, « Pair et Maréchal de France, avec Madelaine-Charlotte-Bonne-Thé- « rèse de Clermont-Luxembourg, ses trisayeux, a procuré l'avan- « tage de représenter l'ancienne maison de Luxembourg, qui, par le « Throsne Impérial qu'elle a occupé et le grand nombre de Souve- « rains qui en sont issus a été une des plus distinguées de l'Europe; « Rien n'était plus convenable que de former ce nouveau lien qui « à la branche aisnée de Montmorency unira celle où, avec un sang « aussi noble, celui de Luxembourg est meslé. *La postérité qui en* « *naîtra ayant devant les yeux les hauts faits de tant d'ancêtres qui de* « *part et d'autre fournissent à l'histoire, pendant une longue suite de* « *siècles une partie de ses traits les plus mémorables, sera, par de tels* « *exemples, encouragée à la vertu,* et comme rien ne contribue da-

« vantage à la prospérité de l'État que le maintien des *familles il-*
« *lustres dont la splendeur se soutient par la perpétuité des titres*
« *d'honneur qui les décorent*. Nous avons jugé qu'il étoit de notre
« justice de confirmer en faveur dudit mariage, et *de continuer* dans
« la personne de notre dit cousin le marquis de Fosseux *les Titres*
« *et Dignités dévolus à la dite demoiselle de Montmorency-Luxem-*
« *bourg par sa naissance*.

« *A ces causes*, et autres grandes considérations à ce nous mou-
« vant, après avoir vu les lettres-patentes données à Paris au mois
« de may mil six cent quatre-vingt-huit, par lesquelles notre au-
« guste bisayeul, de glorieuse mémoire, pour récompenser les
« grands services de François-Henry de Montmorency-Luxembourg,
« pair et mareschal de France, et ceux de Charles-François-Frédéric
« de Montmorency-Luxembourg, prince de Tingry, son fils, *érigea*
« *la terre et seigneurie de Beaufort, dont le nom a été depuis changé*
« *en celui de Montmorency, en duché héréditaire* en faveur dudit
« Charles-François-Frédéric de Montmorency-Luxembourg et de ses
« enfants et descendants, mâles et femelles; l'*acte de partage et dé-*
« *laissement et récompense passé devant Blaque et son confrère*, no-
« taires à Paris, le neuf septembre dernier, en vertu d'avis de
« parents homologués par sentence du Châtelet du quinze may pré-
« cédent, entre les tuteurs de ladite demoiselle Anne-Charlotte-
« Françoise de Montmorency-Luxembourg et de la demoiselle
« Madelaine-Angélique de Montmorency-Luxembourg, sa sœur
« puisnée, par lequel, moyennant la récompense fournie à ladite
« demoiselle puisnée, *l'entière propriété dudit duché de Montmo-*
« *rency est restée à ladite demoiselle de Montmorency-Luxembourg*
« *aisnée*, et le contrat de mariage dudit sieur marquis de Fosseux
« et de ladite demoiselle de Montmorency-Luxembourg aînée, passé
« devant les mêmes notaires à Paris les vingt et vingt et un dudit
« mois de septembre, lesquels actes sont restés annexés sous le con-
« trat-scel des présentes. . . . .

« Nous avons de notre grâce spéciale, pleine puissance et autorité
« Royale, confirmé, approuvé et ratifié, confirmons, approuvons
« et ratifions, par ces présentes signées de notre main, ledit con-
« tract de mariage dudit sieur Marquis de Fosseux et de ladite de-
« moiselle Anne-Françoise de Montmorency-Luxembourg, et en ou-
« tre, de nos mêmes grâce et autorité que dessus, *avons confirmé et*
« *continué, confirmons et continuons, en la personne dudit sieur Mar-*
« *quis de Fosseux, ledit duché héréditaire de Montmorency pour, par*
« *luy et ses enfants mâles à naître dudit mariage,* et descendants de
« mâles en mâles en loyal mariage, l'ordre de Primogéniture gardé
« entre eux, en jouir aux mêmes honneurs, préeminences, privilé-
« ges, prérogatives, et ainsi qu'en ont joui ceux qui l'ont possédé,
« et qu'en jouissent les autres Ducs héréditaires depuis son érec-
« tion. . . . .
« Voulons et entendons *que ledit sieur Marquis de Fosseux* soit *appelé*
« *Duc de Montmorency;* que le cas arrivant du décès de ladite demoi-
« selle de Montmorency-Luxembourg avant lui sans enfants, *il conti-*
« *nue à jouir dudit duché sa vie durant; à défaut d'hoirs et descendants*
« *mâles lesdits titres et dignités demeureront éteints,* et *les terres et sei-*
« *gneuries qui en dépendent retourneront au même et semblable état où*
« *elles étaient avant ladite érection en Duché* sans que. . . . . . .
« Nous ni nos successeurs Rois puissions prétendre aucun droit et
« faculté de réunion, propriété, et réversion dudit Duché à notre
« Couronne. . . . . . . Nous voulons et entendons que les pré-
« sentes ne puissent nuire ni préjudicier aux droits de ladite de-
« moiselle Anne-Charlotte-Françoise de Montmorency-Luxembourg
« sur le duché-pairie de Piney-Luxembourg. Si donnons en Mandede-
« ment à nos amés et féaux conseillers les gens tenant nos Cours de
« Parlement. . . . . . que ces présentes ils fassent lire, publier et
« registrer, et du contenu en icelles jouir et user ledit Anne-Léon
« de Montmorency Marquis de Fosseux, ses enfants et descendants
« mâles en loyal mariage successeurs audit duché . . . .
« Car tel est notre plaisir, et afin que ce soit chose ferme et
« stable à toujours. Nous avons fait mettre notre Scel à ces

« dites présentes, *sauf entre autres choses notre droit et l'autruy en tout.* »

Je n'ai pas eu besoin de m'arrêter dans la lecture de ces lettres-patentes pour vous en signaler les clauses principales ; elles ont certainement frappé vos esprits attentivement occupés sur cette première partie de la cause à saisir comment on peut justifier la distinction que l'on prétend établir entre le nom de seigneurie et le nom patronymique de Montmorency, et comment aujourd'hui la concession d'un titre honorifique peut être surchargée de l'attribution d'un nom seigneurial emprunté à une famille dont les membres subsistent encore en grand nombre.

Vous avez vu abolir en 1632 la création et l'érection faites en 1551 de la seigneurie de Montmorency en duché-pairie ; vous avez vu cette même seigneurie devenir *en partie* la propriété de la maison de Condé et être de nouveau érigée en duché en faveur du prince et de la princesse de Condé en 1633 ; vous connaissez la déplorable fin de ce second titre ducal attaché à la seigneurie de Montmorency qui désormais était à jamais sortie de la maison de Montmorency. En 1688, la seigneurie de Beaufort a été érigée en duché en faveur de M. de Montmorency-Luxembourg, sur la demande du fils de l'illustre maréchal, et a été revêtue du nom patronymique des Montmorency, et vous venez de voir dans les lettres-patentes de 1767 que c'est parce que Mlle de Montmorency-Luxembourg avait recueilli héréditairement *l'entière propriété du duché de Beaufort*, c'est parce qu'elle était issue de celui en faveur de qui ce duché avait été érigé à nouveau en 1688 ; c'est parce que son futur époux était *chef des nom et armes* de la branche aînée des Montmorency que son mariage fut approuvé par le roi, que la seigneurie *de Beaufort fut confirmée en titre de duché et le duché continué en la personne* du marquis de Fosseux sous le nom patronymique de Montmorency.

Qu'on ne nous parle donc plus du nom de l'antique seigneurie de Montmorency transmis avec le titre ducal ; c'est le nom de la famille qui fut attaché au duché de Beaufort, c'est ce nom de famille seul qui serait aujourd'hui transmis avec le titre ducal.

Il faut donc, Messieurs, rayer du décret impérial de 1864 ces fausses et impossibles transmissions du titre héréditaire érigé en 1551, que l'on prétend cependant avoir été concédées une première fois par Louis XIV, une seconde fois par Louis XV, et enfin recueillies par le dernier duc de Montmorency.

Ces fictions, ces altérations de l'histoire, je veux le répéter encore, n'ont été introduites par les rédacteurs de l'exposé présenté à la signature du chef de l'État, que pour déguiser l'usurpation flagrante d'un nom glorieux, du nom propre d'une famille, c'est-à-dire la violation de la plus sacrée des propriétés privées.

Mais pour toucher plus avant au fond même de ce procès, je dois mettre en saillie les dernières clauses de ces lettres-patentes de 1767.

Il y est écrit que la *terre et seigneurie de Beaufort, dont le nom a depuis été changé en celui de Montmorency*, sur la demande de celui à qui ce nom de famille appartenait, ayant été érigée en duché, l'an 1688, et *l'entière propriété de ce duché étant restée à ladite demoiselle de Montmorency-Luxembourg aînée*, le roi *continue ce duché héréditaire* en la personne du marquis de Fosseux ; puis il est dit :

« Voulons et entendons que ledit sieur marquis de Fosseux soit « appellé duc de Montmorency; que le cas arrivant du décès de la« dite demoiselle de Montmorency-Luxembourg avant lui sans en« fants, il continue à jouir dudit duché *sa vie durant.* »

M. le marquis de Fosseux devenant veuf, sans enfants issus de son mariage, n'avait donc droit qu'à une jouissance usufruitière du duché et n'aurait été revêtu que d'un titre purement viager comme les *ducs à brevet.*

Retenez bien, Messieurs, le paragraphe qui suit : « A défaut « d'hoirs et descendants mâles, *lesdits titres et dignités demeureront « éteints, et les terres et seigneuries qui en dépendent retourneront au « même et semblable état où elles étaient avant ladite érection du duché.* »

La confirmation et continuation du duché par suite du mariage de Mlle de Montmorency-Luxembourg avec son cousin M. le marquis de Fosseux était une faveur royale accordée à ce chef des *noms et ar-*

mes de la branche aînée de la maison de Montmorency. En cas d'extinction de cette branche, le titre ducal cessait d'être attaché à la terre et seigneurie de Beaufort, cette seigneurie perdait le titre de dignité auquel elle avait été élevée, elle retournait *au même et semblable état où elle était avant cette érection*, il ne restait plus dans la famille que le simple titre de la seigneurie de Beaufort. Plus de duché avec ou sans le nom de Montmorency. La branche aînée venant à s'éteindre, un héritier collatéral eût-il eu personnellement droit de porter le nom de Montmorency, n'aurait pas pu se dire duc de Montmorency, pas même duc de Beaufort ; les diverses branches de cette famille gardaient seulement la propriété et jouissance des titres et dignités attachés aux seigneuries et duchés de Piney, de Luxembourg, de Châtillon.

Je n'ai pas besoin de dire que le roi de France, dans son *heureuse impuissance*, ne se serait pas cru permis, surtout en faveur de qui n'aurait pas eu un droit héréditaire et personnel au nom de Montmorency, d'élever sous ce nom une seigneurie quelconque à la dignité du duché et de faire revivre le titre seigneurial de duc de Montmorency au mépris des droits de la famille à qui le nom appartient. Les Cours de justice du royaume, les Parlements protecteurs et gardiens *de l'autrui en toutes choses* n'eussent pas hésité à réformer cet intolérable abus de l'autorité souveraine au préjudice des droits privés.

Ainsi en eût-il été s'il n'était pas survenu de révolution en France. Si la législation des fiefs était restée en vigueur jusqu'à nos jours, si les édits et déclarations relatifs à l'érection des fiefs de dignité, si les règlements généraux pour la transmission des titres de noblesse, si les lettres royales d'institutions avaient conservé jusqu'à nous leur autorité, en un mot, si nous vivions encore sous cet ancien régime de la France, lorsque le dernier duc de Montmorency est mort sans postérité masculine, le titre ducal se serait trouvé éteint et aurait aussi été abolie l'élévation en dignité de duché de la seigneurie à la possession de laquelle la jouissance de ce titre était attachée, cette seigneurie retournait à l'état antérieur à son érection; il n'aurait donc pas pu y avoir transmission d'un titre ducal sous la dénomination du fief qui en avait été revêtu.

Ce qui n'aurait pas pu avoir lieu par l'autorité de cet ensemble de lois et de règlements constitutifs de l'ancienne noblesse française, peut-il être fait sous l'empire de la législation actuelle? Est-ce dans un sens compatible avec une pareille entreprise que nos institutions ont reçu de si profondes modifications?

N'est-ce pas tenir trop peu compte des changements survenus dans tout l'ordre de notre ancienne société depuis 1789? N'est-ce pas trop méconnaître l'esprit, les nécessités, les dispositions impératives des lois qui constituent l'ordre nouveau dont le laborieux enfantement a coûté à notre nation tant d'efforts, tant de luttes, tant de douloureux sacrifices, et qui régit souverainement tous les pouvoirs de l'État?

M. le marquis de Fosseux vivait encore quand, dans la nuit du 4 août, l'Assemblée constituante proclama l'abolition de tous les titres de noblesse. Vous le savez, ce fut M. de Montmorency qui des premiers monta à la tribune, et, avec l'autorité et la dignité d'un vrai grand seigneur, obéissant au mouvement général des esprits en France, comprenant les volontés et peut-être les besoins nouveaux de la population française, acceptant noblement les principes d'égalité civile et politique réclamés de toutes parts, demanda cette abolition des distinctions féodales, des privilèges, des qualifications nobiliaires, qu'a consacrée le décret du 4 août 1789.

Ce décret fut bientôt suivi de la loi du 19 juin 1790, où je lis : « La noblesse héréditaire est pour toujours abolie, les titres de « ducs, princes, comtes, marquis, etc., ne seront ni pris par qui « que ce soit, ni donnés à personne; aucun citoyen français ne « pourra prendre que le vrai nom de sa famille. »

Je le répète, M. le marquis de Fosseux vivait alors, et quand il mourut en 1799, il n'a rien transmis, il n'avait rien à transmettre de ce qui lui avait été octroyé en 1767, rien que son vrai nom, le beau nom de Montmorency qui est l'inviolable propriété de tous les membres survivants de la famille dont il fut le chef.

Il est vrai qu'au commencement de ce siècle, lors de l'organisation du premier Empire, les titres nobiliaires ont été rétablis : on a voulu décorer les hommes de la nouvelle cour de qualifications honorifiques; on a fait des princes, des ducs, des comtes, des barons; mais, sauf l'appellation de ces nouvelles dignités, tout cet ordre de noblesse n'avait dans ses conditions d'existence et de transmission rien qui ressembât au principe et aux conditions de l'ancienne noblesse.

Celle-ci était *réelle*, c'est-à-dire territoriale : les seigneuries étaient élevées en dignité de duchés, comtés, marquisats, etc., et c'était le droit à la propriété de ces terres anoblies qui donnait le droit d'en jouir en titre de duc, comte et marquis. La transmission de la possession de la seigneurie donnait droit à la jouissance héréditaire du titre seigneurial, mais la noblesse constituée en 1808 est purement personnelle, c'est une qualification honorifique, héréditaire sans doute, mais à laquelle n'est attachée aucune idée de seigneurie territoriale; même la législation des majorats, aujourd'hui d'ailleurs abolie, n'a pas eu pour effet d'attacher le titre nobiliaire au sol et de rétablir des seigneuries et des titres sous des dénominations seigneuriales; la constitution des majorats, soit en immeubles, soit en rentes, n'avait pour objet, en déclarant les terres ou les rentes majoratisées inaliénables, que d'assurer au titulaire d'une de ces qualifications nobiliaires un revenu suffisant pour soutenir la dignité du rang de noblesse qui lui était concédé et qu'il transmettait à celui qui, se trouvant appelé à recueillir le titre, recueillait aussi le majorat; mais, Messieurs, vous ne l'ignorez point, il n'a été permis à aucun de ces anoblis de joindre à son titre nobiliaire le nom de la terre constituée en majorat.

Désormais tout titre de noblesse en France n'est qu'une distinction honorifique attachée au nom propre, au nom de famille de celui qui en est investi. Oublions la tentative d'imitation des premiers temps de la monarchie et le statut impérial de 1806 qui annonçait la création de grands fiefs dans des territoires conquis par les armées françaises sur presque tous les points de l'Europe. De ces conquêtes et de ces superbes pensées, il nous reste les souvenirs très-glorieux qui s'attachent à des titres de noblesse, comme ceux de duc de Montebello, duc de Reggio, duc de Bellune, prince de la Moskowa, etc. Ces beaux noms rappellent les grands faits militaires accomplis sur la terre étrangère, dans des lieux en quelque sorte inféodés par la victoire à d'illustres capitaines. Le chef de ces guerriers voulut consacrer de pareils souvenirs en constituant des fiefs territoriaux dans les pays vaincus, mais il ne porta point atteinte aux lois du territoire français, et de toutes les distinctions nobiliaires accordées dans l'intérieur de l'Empire, il n'en est pas une seule qui ait reçu une dénomination autre que le nom propre du titulaire, rien n'a ressemblé au réveil en France du système féodal et à la création des titres seigneuriaux.

C'est ainsi que sous le premier Empire, en dehors des souvenirs militaires, on a créé un duc Cambacérès, un duc Decrès, un comte Merlin, un comte Mollien, et bien d'autres.

C'est ainsi que sous la Restauration des titres de duc ayant été donnés par le roi, ils ont été attachés au nom personnel, au propre nom de l'institué, comme le duc Decazes.

Ce fut encore sous son propre nom de famille que M. le baron Mathieu de Montmorency a été institué duc de Montmorency. Alors et dans la même famille furent honorés deux ducs du même nom, mais sans que ce fût pour l'un ni pour l'autre un nom de seigneurie.

M. le duc Decazes reçut, sous son nom personnel, cette grande qualification honorifique, comme M. le duc Mathieu de Montmorency qui n'était pas issu de la branche et dans la ligne de descendance des anciens ducs, mais qui fut assurément un des plus dignes, un des plus respectables, un des plus regrettables hommes que nous ayons eus dans notre siècle.

Sous le gouvernement de Juillet, plusieurs titres de noblesse ont été octroyés, entr'autres deux titres de ducs donnés à des hommes éminents, l'un dans l'ordre militaire, l'autre dans l'ordre civil; le nom de duc d'Isly a consacré le souvenir des grandes actions militaires du maréchal Bugeaud, et le vieux nom des Pasquier fut honoré dans la personne de leur dernier descendant du même titre de duc. La gloire, l'honneur, les grands et longs services rendus à la France sont les seules seigneuries sur lesquelles doivent reposer les duchés de création nouvelle.

Jusqu'à ce jour, le gouvernement actuel, en reconnaissant les droits à la possession des titres nobiliaires, en rétablissant un Conseil du sceau des titres, même en rappelant les dispositions des statuts de 1806 et 1808, s'est soumis aux principes des lois de notre âge; il n'a donné que des qualifications honorifiques; il a imité ce qu'ont fait les autres gouvernements depuis le commencement de ce siècle; c'est ainsi que les noms de duc de Malakoff et de duc de Magenta rappellent de grands événements militaires, et que MM. de Morny et de Persigny ajoutent la qualification de ducs aux noms personnels sous lesquels ils se sont fait connaître en France. Il n'y a rien assurément dans ces nouvelles créations qui ramène l'idée féodale d'un nom et d'un titre de seigneurie.

Ainsi, depuis 1789, depuis le statut organique du 1er mars 1808 qui a rétabli les titres de noblesse, il n'en a été institué aucun, en dehors des souvenirs militaires, qui n'ait été attaché au nom propre de la personne titrée. Telle est incontestablement la condition de la noblesse en France; telle est au moins la condition essentielle de toute noblesse nouvelle. Est-ce donc que la noblesse ancienne est dans d'autres conditions que la nouvelle noblesse? Est-ce donc que dans notre noblesse ancienne les titres nobiliaires se transmettent de nos jours en vertu de droits à la propriété d'anciens fiefs, de seigneuries jadis érigées en dignité, par la possession de terres anoblies? Non, en aucune manière, la charte royale promulguée en 1814 pour pacifier la France, pour réconcilier les partis que la Révolution avait si douloureusement divisés, si amèrement rendus hostiles les uns aux autres, disait simplement dans son article 71, par un esprit de paix et de sagesse royale : « *La noblesse ancienne reprend ses titres, la nou-* « *velle conserve les siens.* Le roi fait des nobles à volonté; mais il « ne leur accorde que *des rangs et des honneurs, sans aucune exemp-* « *tion des charges et des devoirs de la société.* »

Alors les fils ont repris les titres que portaient leurs pères dépossédés ou non des domaines érigés en duchés, comtés, marquisats, etc. Plus de transmission de titres de seigneuries, plus de transmission de titres attachés féodalement au sol. Les fils sont héritiers d'un simple titre dont leur nom personnel est revêtu. En 1814, le duc Raoul de Montmorency n'a pas repris le duché ; il était aboli, la dépossession de la seigneurie était complète ; rechercher ce qu'elle était devenue, en quelles mains elle avait pu passer était chose inutile.

M. de Montmorency, recevait de la Charte le droit de reprendre le titre ducal qu'avait son père, et il a transmis à son fils ce titre avec son nom patronymique.

Pour l'ancienne comme pour la nouvelle noblesse, les distinctions nobiliaires ne sont donc plus qu'une qualification nobiliaire purement personnelle, et cependant transmissible aux héritiers légitimes. Voilà ce qui a été *recueilli* en 1846 par le petit-fils du marquis de Fosseux et non pas le titre seigneurial érigé en 1551, ainsi qu'il est si étrangement allégué par le décret impérial de 1864.

Qu'est-ce donc qui s'est éteint, lorsque le duc Raoul est mort au mois d'août 1862? Est-ce le duché, créé en 1551 pour le connétable de Montmorency, et aboli en 1632? Est-ce le duché érigé pour le duc d'Enghien en 1633 (il faut garder le silence sur celui-là)? Est-ce enfin le duché de Beaufort, auquel en 1689 le nom de la famille de Montmorency a été attaché, duché aboli par les lois de 1789 et 1790? Et si ces lois n'avaient point été promulguées, si celles qui étaient en vigueur en 1767 avaient conservé leur autorité, ce duché eût été aboli et ne pouvait plus être transmis à qui que ce soit par le fait seul du décès de M. le duc Raoul de Montmorency, sans postérité mâle.

Qu'est-ce donc qui s'est éteint? Est-ce le nom de la seigneurie passée depuis plus de deux siècles à d'autres propriétaires? Est-ce le nom même de Montmorency? Non certainement, ce nom est resté le nom propre de la famille, c'est le nom patronymique qui appartient à tous ceux que j'ai l'honneur de représenter aujourd'hui devant vous; c'est le nom de MM. de Montmorency-Luxembourg, de Mme la marquise de Biencourt, de Mme la comtesse de La Châtre, qui viennent le revendiquer à votre barre.

Si les femmes en contractant mariage ne transmettent ni à leurs époux, ni à leurs enfants les titres de noblesse et le nom de la maison dont elles sont issues, elles ne cessent pas cependant d'en faire partie, elles n'en ont pas moins reçu le nom en naissant; c'est un bien qu'elles s'honorent de posséder *en propre*, et qui les distingue des autres femmes de la famille dans laquelle elles sont entrées, et dont elles reçoivent aussi le nom par leur mariage. Toutes les lois, tous les monuments de la jurisprudence leur reconnaissent le droit de s'opposer à toute usurpation du nom de leurs pères ou de leurs maris; c'est ce droit que viennent exercer dans ce procès les dames de Montmorency, parties principales ou intervenantes.

Le nom n'est pas éteint; mais il est une propriété privée, personnelle, inviolable, une propriété incessible et intransmissible autrement que par la naissance dans la maison de Montmorency.

Qu'est-ce donc qui s'est éteint en la personne du duc Raoul, quand il a cessé de vivre en 1862?

C'est uniquement le titre de duc repris par son père en 1814, en vertu de la Charte constitutionnelle. Ce titre, ou plutôt un pareil titre, peut incontestablement être conféré par le souverain, selon son bon plaisir; il entre dans ses prérogatives de *faire des nobles à sa volonté*, comme dit la Charte de Louis XVIII. Cette faveur peut être par lui accordée à qui il lui plaît. Il pouvait faire duc M. Gontran de Beaufremont, le fils de la sœur aînée de la mère de M. Adalbert de

Périgord. On a donné la préférence à celui-ci ; il n'appartient à personne de rechercher par quel motif il a obtenu cette haute distinction honorifique ; mais il est dérisoire de soutenir qu'en 1864 un nom de seigneurie, le nom d'un fief situé en France, ait pu être et soit en effet concédé avec la qualification nobiliaire. Oui, un titre ducal s'est éteint à la mort de M. Raoul de Montmorency, mais un *titre nud*, pour me servir du langage du palais.

Je ne peux cesser de le redire, il est loin de notre pensée de contester au chef de l'État la faculté de concéder ce titre ducal n'importe à qui. La mort a ravi un duc à la France, le souverain peut créer un autre duc, mais pour ajouter à l'honneur de ce titre, pour le décorer, pour l'ennoblir peut-être, ressusciter et attacher à ce haut titre le nom d'un ancien fief, d'une ancienne seigneurie française ou bien usurper le nom propre d'une famille qui subsiste et qui proteste, c'est là ce que, aux termes de toutes nos lois, je déclare intolérable, c'est là ce que, par respect pour la propriété privée, les dispensateurs de la justice doivent réformer.

Pour consacrer une telle violation de la propriété privée, au mépris de nos lois civiles, il faut qu'un de vos arrêts sanctionne une manifeste atteinte aux lois politiques qui nous régissent, et au droit public des Français garanti par toutes les constitutions depuis 1789.

Les fictions introduites dans le décret de 1864 et la subtile distinction entre le nom de seigneurie et le nom patronymique ont paru aux défenseurs mêmes de M. Adalbert de Périgord de trop fragiles appuis pour soutenir sa prétention, et j'ai encore à répondre à une autre subtilité, dont le système, d'ailleurs, n'est pas nouveau.

Quelle est cette dernière ressource de l'adversaire ? Le décret impérial, vous dit-il, ne me transmet pas seulement un titre de duc, une simple qualification nobiliaire ; ce titre de duc, lors de sa confirmation et continuation, en 1767, a été concédé au marquis de Fosseux, sous la dénomination de duc de Montmorency ; c'est ainsi qu'il a été repris par son fils, en 1814, et recueilli, en 1826, par mon oncle maternel. La qualification nobiliaire est inséparable de la dénomination qu'elle a reçue originairement; je la reçois ainsi comme fils de la sœur cadette du dernier duc qui en a été investi. Vous êtes, nous dit-il, obligés de reconnaître que vous ne prétendez pas contester la concession qui m'est faite du titre et, dès lors, vous n'en pouvez pas séparer la dénomination qui, depuis trois générations, y est restée attachée.

Je résume ici la prétention de M. Adalbert dans les termes précis qui peuvent la rendre en apparence plus plausible. Le système est donc, que la transmission d'une qualification honorifique, liée originairement à un nom propre, au nom d'une famille, opère de plein droit la transmission même de ce nom.

Dans une occasion solennelle, je suis venu déjà combattre devant vous, Messieurs, et vous avez repoussé une semblable prétention.

M. de Frohen avait épousé la fille du comte de Brancas; Mme de Frohen avait un droit plus ou moins contestable à la succession féminine de la grandesse d'Espagne. Cette grandesse avait été accordée à la maison de Brancas, avec l'adjonction du titre de duc; l'héritière ou l'héritier pouvait avoir droit en Espagne à la grandesse au titre de duc de Brancas. M. Hibon de Frohen disait: « Ma femme est héritière « légitime; elle me transmet à moi et à nos enfants la grandesse « d'Espagne, puisque cette grandesse est créée au titre de duc de « Brancas, j'ai, suivant la loi espagnole, droit, et nos enfants sur- « tout ont le droit de se dire et de se qualifier grands d'Espagne, « ducs de Brancas. » Ainsi le nom de Brancas aurait été acquis à la famille de Frohen.

La question vous étant soumise, Messieurs, dans cette même chambre de la Cour, j'ai soutenu que la grandesse d'Espagne n'avait pas été régulièrement transmise à Mme Hibon de Frohen, et que, dans tous les cas, un droit à la possession de ce titre ne pouvait pas attribuer de droit à la possession du nom de Brancas.

La prétention des sieurs et dame de Frohen avait été aussi accueillie par le Tribunal de 1re instance, mais vous avez infirmé ce jugement et il me suffit de vous rappeler les deux motifs principaux de votre arrêt :

« Attendu, avez-vous dit, que Hibon, soit qu'on considère son « titre de grand d'Espagne comme résultant des lois espagnoles, soit « qu'on le considère comme reconnu sous la législation française..., « il n'en résulterait pas que les intimés (les sieur et dame Hibon de « Frohen) pussent prendre les nom et titre de duc de Brancas..... ; « *Que le nom patronymique est la propriété d'une famille et ne peut,* « *en l'état de la législation, être transporté à une autre famille, sans* « *les formalités légales; que les inductions tirées des brevets qui ont* « *fondé la grandesse donnée au maréchal de Brancas* et de ceux qui « l'ont trasmise à ses collatéraux, ne pourraient prévaloir contre le « droit général en ce qui concerne leur nom... »

Votre arrêt se termine par ces mots :

« Considérant que c'est dans cette pensée que le Ministre de la « justice a refusé à Hibon le nom de Brancas, et qu'on ne peut éluder « cette décision sous prétexte que le titre de duc de Brancas serait « une qualification; qu'en effet, *une qualification héréditaire qui* « *consisterait dans un nom propre produirait évidemment les mêmes* « *effets que le nom lui-même.....* »

Ainsi avez-vous fait triompher les principes. Vainement s'est-on pourvu contre cet arrêt de 1859. Le pourvoi a été rejeté par la Cour de cassation.

Jugeriez-vous autrement en 1865? Non! Vous direz encore que le nom patronymique est la propriété d'une famille, et ne peut être transporté à une autre famille sans l'accomplissement des formalités légales, formalités spéciales que je rappellerai tout à l'heure. Vous déciderez encore que les inductions tirées de brevets ou de lettres-patentes, qui ont donné la grandesse ou le titre de duc, ne sauraient prévaloir contre le droit général en ce qui concerne les noms.

Oui, vous ferez à la cause actuelle une juste application de cette vérité légale consacrée par votre précédent arrêt, *une qualification héréditaire qui consisterait dans un nom propre produirait le même effet que le nom lui-même.*

Ne nous arrêtons pas à la singulière observation faite au nom de M. Adalbert de Périgord. On a dit que si le nom de Montmorency était lié à son titre de duc, il n'en résulterait pas que ce nom devînt pour lui et pour ses descendants un nom de famille usurpé sur la maison de Montmorency, parce qu'il n'y aurait que le titulaire du duché qui porterait ce nom, auquel les autres descendants de M. Adalbert n'auraient aucun droit. Est-ce que M. Adalbert et l'héritier de son titre de duc n'en serait pas moins appelé M. de Montmorency ? Est-ce qu'il n'aurait même pas le singulier avantage qu'avec le titre éminent de duc il serait considéré dans le monde comme le chef de la famille Montmorency ?

Vainement le duché a-t-il été revêtu de ce grand nom, la transmission ou la concession de cette qualification nobiliaire ne peut pas opérer la transmission du nom patronymique.

Nous avons lu dans les conclusions de M. le comte Adalbert de Périgord qu'il se regardait comme obligé de joindre toujours le nom de sa famille au titre de duc de Montmorency, et qu'ainsi il se distinguerait des membres de la famille.

Mais ce n'en serait pas moins pour lui un changement ou tout au moins une addition de nom. Or, quelle que soit l'autorité d'un décret impérial, un décret, s'il n'est pas précédé des formalités légales dont parle l'arrêt de 1859, et qui sont relatives aux changements ou additions de nom, ne peut pas opérer un changement ou une addition de nom au profit de qui que ce soit.

C'est ici un dernier point de discussion parfaitement résolu par l'état actuel de la législation.

Dans le rapport fait par M. de Royer, et adressé à l'Empereur le 8 janvier 1859 pour la reconstitution du Conseil du sceau des titres, je lis ces mots :

« Les demandes en changement ou en addition de noms restent

« soumises aux formes tracées par la loi du 11 germinal an XI. Les « autorisations de cette nature sont accordées par Votre Majesté dans « la forme des règlements d'administration publique. Le Conseil « du sceau des titres pourra toujours être consulté sur les *change-* « *ments ou les additions qui auraient le caractère d'une qualification* « *honorifique ou nobiliaire*, et qui rentreraient ainsi dans l'ordre des « faits qu'a voulu prévoir l'article 259 du Code pénal. »

Cet état actuel de la législation est parfaitement précisé dans le rapport du Ministre de la justice qui a précédé et déterminé la reconstitution du Conseil du sceau des titres. Les demandes en changement ou addition de noms restent soumises à la loi de germinal an XI, dont l'article 5 décide que les changements ou additions de noms ne peuvent être opérés que dans la forme des règlements d'administration publique. On peut prendre l'avis du Conseil du sceau, lorsque les changement ou addition demandés peuvent avoir pour conséquence une distinction nobiliaire ou honorifique. Dans l'espèce du décret qui nous occupe, il est dit que le Conseil du sceau a été interrogé et a dû donner son avis, avis que nous ne connaissons pas et que nous n'avons pas le droit de connaître; mais il a été interrogé parce qu'il s'agissait d'obtenir une distinction nobiliaire, honorifique, il ne l'a pas été sur une transmission de nom, question qui n'est jamais entrée et qui n'a pu entrer en aucune manière dans la compétence consultative du Conseil du sceau.

Ce n'est pas sur son avis qu'une transmission de nom peut être opérée soit à titre d'addition, soit à titre de changement, comme l'a dit M. de Royer et comme il est écrit dans l'article 5 de la loi de germinal an XI ; les additions ou changements de noms ne peuvent être autorisés que dans la forme des règlements d'administration publique.

Or, l'article 1er du décret organique sur le Conseil d'État, du 25 janvier 1852, s'exprime en ces termes : « Le Conseil d'État est *né-* « *cessairement* appelé à donner son avis sur tous les décrets portant « règlement d'administration publique *ou qui doivent être rendus*

« *dans la forme de ces règlements.* » Ainsi la loi de germinal an XI prescrit que les changements ou additions de noms ne seront autorisés que dans la forme des règlements d'administration publique et la loi constitutionnelle, organique actuelle, nous dit que pour les règlements d'administration publique et pour tous les décrets qui doivent être rendus dans cette forme, comme ceux qui sont prévus par la loi de l'an XI, il faut *nécessairement* que le Conseil d'État soit entendu, que c'est au Conseil d'État qu'on doit en référer. Or, le décret du 14 mai émane-t-il du Conseil d'État? Le Conseil d'État a-t-il été entendu ? Ce changement ou cette addition de nom que vous prétendez faire résulter du décret se sont-ils opérés dans la forme des règlements d'administration publique? Non, en aucune manière. Le décret de 1864 n'a donc pas voulu, parce qu'il n'a pas pu vouloir violer les lois, le décret n'a pas voulu transmettre le nom; il a transmis le titre de duc que feu M. le duc Raoul de Montmorency avait porté, mais il ne pouvait pas, il ne peut point le transmettre avec le nom de Montmorency, car ce serait une addition ou un changement de nom pour M. de Périgord, qui ne peuvent être autorisés que dans la forme des règlements d'administration publique.

Si les choses s'étaient ainsi passées, et nous en verrons la conséquence tout à l'heure, quand j'aurai à discuter les motifs de la sentence des premiers juges, le recours au Conseil d'État aurait pu avoir lieu; mais cette forme n'ayant pas été observée, pourrait-on, en vertu des dernières dispositions de la loi de germinal an XI dire que c'est au Conseil d'État, et non devant les Tribunaux ordinaires, que la famille de Montmorency aurait dû se pourvoir? Si le décret eût été rendu dans la forme des règlements d'administration publique, c'est-à-dire le Conseil d'État entendu, c'eût été par un recours au Conseil d'État qu'il eût fallu procéder. Mais d'après la forme qui a été suivie pour l'obtention du décret, devant qui former opposition? Devant le Conseil du sceau? Est-ce qu'il a juridiction ? Est-ce qu'il lui appartient de statuer d'une manière quelconque? A-t-il autre autorité que celle de donner son avis? Si le Conseil d'État avait été entendu sur le changement ou l'addition de nom, c'est à lui que remonterait la décision et c'est devant lui qu'aurait dû être formée notre opposition.

Nous avons dû invoquer l'autorité des Tribunaux ordinaires pour revendiquer un droit de propriété privée auquel il était porté atteinte. Je maintiendrai leur compétence en discutant plus tard la décision dont l'appel vous est déféré ; mais je veux ajouter en ce moment, que sous l'empire de la législation qui ne reconnaît désormais en France qu'une noblesse non réelle, non territoriale, mais purement personnelle, sous l'empire de cette législation qui ne reconnaît que des qualifications honorifiques attachées au nom propre de la personne qui en est revêtue, il est sans exemple que la concession d'un titre de noblesse ait opéré une addition de nom ou la transmission d'un nom patronymique, sans qu'elle ait été précédée ou suivie de l'accomplissement des formalités spéciales prescrites par la loi de l'an XI.

Ici les exemples sont sans nombre et tous uniformes.

J'ouvre le *Manuel de la Pairie* et j'y vois qu'au mois de décembre 1825 une ordonnance du roi portait : « Le rang, titre et qualité de « pair du royaume, qu'il nous a plu accorder à notre cousin le ma- « réchal duc de Conegliano, seront transmis héréditairement au « sieur Duchesne de Gillevoisin, baron de Conegliano, gendre dudit « duc de Conegliano. » Mais ouvrant le *Bulletin des Lois*, je trouve à la date du 20 octobre 1824 l'ordonnance royale qui impose expressément à M. Duchesne de Gillevoisin l'obligation de remplir les conditions énumérées aux articles 6 et 8 de la loi de germinal an XI pour avoir droit de porter le nom de Conegliano.

Je vois encore dans le *Manuel de la pairie* l'acte par lequel François de Barthélemy Sauvaire reçoit à la fois le titre de pair de France et le nom de son grand-oncle. Le titre lui est transmis par l'ordonnance qui suffit à lui conférer la pairie; mais immédiatement j'ouvre le même volume du *Bulletin des Lois* et j'y trouve le renvoi pour la transmission du nom à l'exécution de la loi de germinal, an XI. « Permet au sieur Sauvaire de Barthélemy d'ajouter à son nom le

« nom de son grand-oncle, à la charge par l'impétrant de remplir « les formalités de la loi de 1803 (Germinal an XI). »

Il en a été ainsi dans tous les cas; je ne multiplierai pas ces citations; mais toutes les fois que, depuis le rétablissement des titres, un titre a été concédé, même la plus haute des dignités, le titre de pair de France, quand ce titre devait être accompagné de la transmission d'un nom propre, cette transmission n'a jamais lieu que par une ordonnance royale qui soumettait à l'accomplissement des formalités prescrites par la loi de germinal an XI.

Il n'existe pas d'exemple contraire; il y a plus, la nécessaire exécution des lois relatives à la transmission des noms propres a été consacrée par l'arrêt qu'a rendu la Cour de cassation dans l'affaire de M. Terray et de la famille Morel de Vindé; le cas est digne de votre particulière attention.

Une ordonnance royale du 1er mars 1819 avait autorisé la transmission à M. Terray des titres et *nom* de M. le vicomte de Morel-Vindé, son grand-père maternel, en ces termes :

« Art. 1er. — Les rang, titre et qualité de pair du royaume qu'il « nous a plu d'accorder au vicomte de Morel, seront transmis à « notre amé Charles-Louis Terray, son petit-fils...

« Art. 2. — Ledit Charles-Louis Terray joindra à son nom propre « celui dudit aïeul maternel, comme aussi il joindra dans son écusson, à ses propres armes, celles de son aïeul... »

En vertu de cette ordonnance, et sur la demande de M. Terray, le Tribunal de la Seine ordonna, par un jugement du 26 mars 1845, l'addition sur les registres de l'état civil du titre de vicomte de Morel-Vindé au nom de Terray. Personne ne réclama; mais d'office et dans l'intérêt de la loi, le ministre de la justice déféra ce jugement à la Cour suprême pour excès de pouvoir; et par arrêt du 22 avril avril 1846, sur les conclusions conformes de M. le procureur général Dupin, la Cour statua en ces termes :

« Attendu : 1° qu'aux termes de la Charte, il n'appartient qu'à « l'autorité royale de conférer des titres de noblesse; 2° *que tout chan-*

« *gement de nom ne peut être obtenu qu'en se conformant aux disposi-*
« *tions de la loi du 11 germinal an XI, qui exige l'intervention de*
« *l'autorité administrative* (avis *préalable* du Conseil d'État);

« Attendu que le jugement dénoncé reconnaît à Charles-Louis
« Terray : 1° le droit de prendre le titre de vicomte; 2° *celui d'ajou-*
« *ter à son propre nom le nom de Morel-Vindé, sans avoir au préalable*
« *rempli les formalités voulues ;*

« Annule pour excès de pouvoir le jugement du Tribunal civil de
« la Seine du 28 mars 1845. »

Le Tribunal, en rendant ce jugement, avait cru devoir se conformer aux termes mêmes de l'ordonnance royale, mais la Cour de cassation a fait prévaloir l'autorité de la loi sur celle d'un acte émané de la puissance du roi.

Il n'a point été porté d'atteinte à ces lois, rappelées d'ailleurs, ainsi que je vous l'ai fait remarquer, dans le décret de rétablissement du Conseil du sceau des titres, elles n'ont pas reçu d'atteinte, dis-je, dans un acte récent promulgué en faveur d'un personnage considérable, allié, je crois, à la famille impériale.

Je lis au *Bulletin des Lois*, sous la date du 2 mars 1859, un décret contresigné par le garde des sceaux, ministre de la justice, portant que le comte Charles-Joseph-Louis-Robert-Philippe de Tascher de la Pagerie, premier chambellan de S. M. l'Impératrice, membre du Corps législatif, fils de M. le comte de Tascher de la Pagerie et de Mme la princesse Amélie de la Leyen, est autorisé, en vertu des lettres-patentes des 3 mars, 8 juillet 1810 et 16 mai 1811, à prendre le titre de duc, qui lui est dévolu par suite du décès du duc de Dalberg, mort sans laisser de descendance directe dans la ligne masculine.

Point d'exécution de la loi de l'an XI et point de transmission du nom de Dalberg, le titre ducal est seul octroyé; c'est ainsi qu'il en devait être dans l'acte de faveur souveraine obtenu par le comte de Périgord.

C'est en vain que dans son intérêt on a cité quelques cas dans lesquels des transmissions de noms de famille ont été accordées par ordonnances ou par décrets sans recourir aux formalités de la loi de l'an XI.

En effet, toutes ces citations se rapportent à des transmissions ou institutions de pairie faites en faveur de gendres ou de neveux, dans des cas où il n'existait plus d'héritiers du nom, où il n'y avait point de descendance mâle, et toujours elles ont eu lieu avec le consentement de la famille, et sans qu'aucune réclamation se soit élevée, parce que, d'ordinaire, ces additions de nom étaient le résultat de pactes de famille. C'est par une disposition expresse, approuvée par le roi, que le duc de Richelieu a transmis à M. de Jumilhac, son neveu, le nom et le titre de duc de Richelieu; c'est par suite d'un pacte de famille que M. de Ségur a pris le nom de Ségur-Lamoignon, lorsqu'il n'y avait plus de Lamoignon au monde. C'est dans les mêmes conditions que M. de Ségur-d'Aguesseau a joint le nom de d'Aguesseau à son nom de Ségur, parce que la descendance masculine de d'Aguesseau est éteinte.

Quant au fait du marquis de Forestier, qui aurait porté, sans autorisation spéciale, le titre et le nom de comte de Coubert, il me suffit de dire que notre adversaire aurait dû remarquer que le fait remonte à une époque antérieure à la Révolution, et que son grand-oncle, Samuel Bernard, était propriétaire du titre de comte de Coubert, que cette propriété a été transmise héréditairement au neveu qui, par là même, avait le droit de joindre le nom de Coubert à son nom de Forestier.

Quoi qu'il en soit, de tous les exemples qu'on a cru pouvoir invoquer, aucun ne conclut contre le droit de la famille, aucun ne conclut contre la nécessité, toutes les fois qu'un nom patronymique a été joint à une qualification nobiliaire, de faire sanctionner la transmission de ce nom, conformément aux prescriptions de l'an XI.

C'est ce qui n'a point eu lieu à l'égard de M. Adalbert de Périgord. Le décret ne peut donc pas plus opérer la transmission légale du nom, qu'il n'opère la transmission du titre de seigneurie érigé en 1551; il y a, en vérité, une trop grande somme d'erreurs amoncelées dans les énonciations portées dans ce décret. Si le Conseil du sceau des titres a été consulté, s'il a donné un avis, que nous ne connaissons pas, conforme au texte du décret, je maintiens que le souverain a été indignément trompé, que la vérité lui a été cachée, et qu'on lui a fait signer un acte dans des circonstances qui lui étaient complétement inconnues, et surtout à l'égard desquelles les renseignements les plus faux lui auraient été fournis par le rapport mis sous ses yeux.

Ceci dit, il me resterait à entrer dans la discussion, en dehors du fond même du procès, d'un système d'incompétence invoqué par M. Adalbert de Périgord, et adopté par le Tribunal de première instance. Tout en concluant au fond par ses conclusions signifiées le 30 novembre 1864, M. Adalbert de Périgord a essayé de mettre sa prétention à l'abri d'un débat, en invoquant une fin de non-recevoir qu'il a présentée assez vaguement en disant seulement : « Dans « le cas où il serait possible que le Tribunal se rendît appréciateur « des conséquences du décret du 14 mai, je conclus au fond...... »

Ces conclusions, je les ai longuement discutées, et je crois avoir démontré qu'il est incontestable, et j'espère que par vous il ne sera pas contesté, que si le droit du souverain, si sa prérogative constitutionnelle est de donner des titres et des distinctions honorifiques, les dénominations sous lesquelles ces distinctions honorifiques sont accordées, ne peuvent pas, au mépris de nos lois, conférer à un étranger la propriété sacrée du nom d'une famille. La prérogative constitutionnelle ne saurait être en contradiction ouverte avec l'autorité des lois existantes. C'est à vous qu'il appartient de contenir dans ses limites légales l'action de la souveraineté, en tout ce qui touche aux droits et à la propriété privée des citoyens.

Vous ne consentirez jamais, Messieurs, à couvrir du manteau de votre justice des opinions, des formules adulatrices telles que cette énormité que j'ai lue à la page 43 de l'imprimé qui vous a été distribué par nos adversaires :

« La loi de l'an XI donne au gouvernement toute prérogative d'in-
« vestir le premier venu d'un nom qui est la propriété d'une fa-
« mille. »

Voilà le système auquel on est arrivé devant les premiers juges, et c'est cette doctrine adoptée par le Tribunal de première instance, que je vais discuter, après vous avoir donné lecture entière du jugement dont est appel. Veuillez l'écouter avec l'attention que vous m'avez accordée jusqu'ici :

« Attendu que les demandes en intervention ne sont pas contes-
« tées en la forme ; que, d'une autre part, elles sont en état, et
« qu'ainsi il convient de les joindre à la demande principale et de
« statuer par un seul jugement;

« Au fond :

« Attendu que les demandeurs concluent à ce qu'il soit fait dé-
« fense au comte de Talleyrand-Périgord de prendre le nom et de
« porter les armes du feu duc de Montmorency ;

« En ce qui touche le nom :

« Attendu qu'il résulte d'une façon certaine du dispositif et par-
« ticulièrement du préambule du décret du 14 mai 1864, que l'in-
« tention du souverain a été, non pas d'autoriser le comte de Tal-
« leyrand-Périgord à prendre le nom patronymique de Montmorency,
« mais de lui concéder, afin de perpétuer de glorieux souvenirs, le
« titre de duc de Montmorency qui venait de s'éteindre en la per-
« sonne de son oncle maternel décédé sans postérité le 18 août 1862;

« Attendu que les demandeurs soutiennent que le décret conçu en
« ces termes n'a pu, en conférant un titre de noblesse, affecter à ce
« titre le nom patronymique porté par leur famille, et qui n'appar-
« tient pas au comte de Talleyrand-Périgord ;

« Attendu que le Tribunal n'a pas juridiction pour connaître de
« cette difficulté, et que son incompétence est rigoureuse, absolue
« et d'ordre public;

« Qu'en effet, si les Tribunaux de droit commun ont le droit

« d'apprécier la légalité d'un décret, lorsqu'il statue sur une ma-
« tière spécialement confiée à leur vigilance et à leur protection;
« il n'en est pas ainsi quand il s'agit d'un décret dont l'objet ressort
« exclusivement des attributions constitutionnelles du chef de l'État;

« Attendu que le décret qui octroie au comte de Talleyrand-
« Périgord le titre de duc de Montmorency est un acte de puissance
« souveraine, contresigné par l'un des ministres et qui rentre dans
« les prérogatives essentielles de la couronne;

« Attendu que le décret n'est, par conséquent, pas susceptible
« d'une discussion juridique devant les Tribunaux civils, et que
« ceux-ci ne pourraient en apprécier le mérite sans enfreindre les
« principes du droit public sur lesquels repose la séparation des
« divers pouvoirs de notre ordre social;

« Attendu, au surplus, que lors même que le décret du 14 mai
« 1864 contiendrait, ainsi que le prétendent les demandeurs, sé-
« parément de la collation du titre de duc, l'autorisation au comte
« de Talleyrand-Périgord d'ajouter à son nom celui de Montmo-
« rency, le Tribunal serait encore incompétent, puisqu'il est de
« principe qu'un semblable décret n'est jamais rendu que sous la
« réserve des droits des tiers;

« Attendu que le Tribunal ne pourrait avoir juridiction que dans
« le cas où il serait saisi d'une demande tendant à empêcher un
« tiers de prendre un nom appartenant à une autre famille, alors
« que ce tiers ne produirait à l'appui de sa prise de possession
« aucun acte émané de la puissance souveraine; mais qu'il ne peut
« en être ainsi lorsqu'un acte de cette nature est produit;

« Qu'en effet, les noms constituent une propriété d'une espèce
« particulière, laquelle est spécialement réglementée par la loi de
« germinal an XI, et qu'aux termes de l'article 7 de cette loi, c'est
« devant le Conseil d'État, dans l'année qui suit l'insertion au
« *Bulletin des Lois*, que toute personne ayant droit au nom concédé
« est autorisée à se pourvoir pour obtenir la révocation du décret;

« Attendu que s'il est opposé que le comte de Talleyrand-Péri-

« gord n'aurait pas rempli les formalités de publicité qui doit « suivre une demande tendant à l'addition ou au changement d'un « nom, cette objection est sans fondement, par rapport à la com- « pétence, le Tribunal ne pouvant pas plus apprécier la forme que « le fond du décret, lorsqu'il est saisi par une personne à laquelle « il ferait grief ;

« En ce qui touche les armes :

« Attendu que le comte de Talleyrand-Périgord soutient que le « décret du 14 mai lui ayant concédé, comme le neveu du dernier « duc de Montmorency, le titre de duc de Montmorency éteint par « le décès du titulaire sans postérité, lui aurait nécessairement, « quoique d'uue façon implicite, concédé aussi les armoiries atta- « chées à ce titre ;

« Attendu que cette difficulté rend nécessaire l'interprétation du « décret, et que le Tribunal, incompétent pour en apprécier la lé- « galité, est également incompétent pour l'interpréter ;

« Attendu qu'en effet, il s'agirait ici d'une contestation élevée au « sujet de l'exécution du décret, et que le Tribunal n'a pas juri- « diction pour fixer la portée et les effets et pour régler l'exécution « d'un acte fait par le chef de l'État dans la sphère des attributions « spéciales à la souveraineté ;

« Par ces motifs,

« Se déclare incompétent, renvoie les parties à se pourvoir ainsi « qu'elles aviseront, et condamne les demandeurs aux dépens. »

(Après cette lecture, l'audience est suspendue. A la reprise de l'audience, Me Berryer continue sa plaidoierie.)

Messieurs, je n'ai pas besoin de résumer la longue discussion à laquelle vous avez bien voulu accorder une indulgente et religieuse attention, la simple lecture du jugement que nous vous demandons d'infirmer, a suffi pour vous faire remarquer que de tous les faits qui avaient été établis devant les premiers juges et que je viens de rappeler, des principes de notre droit civil et de notre droit politique invoqués dans cette cause, rien n'est contredit, réfuté ou méconnu par le Tribunal, rien, si ce n'est le pouvoir de protection qui lui est confié par la loi, rien, si ce n'est le devoir de tout temps imposé en France à l'autorité judiciaire, de préserver les citoyens des excès de pouvoir, des abus de l'autorité politique contre leurs propriétés, leurs personnes, leur honneur.

Le Tribunal, il est vrai, précise avec exactitude les questions qu'il avait à juger, mais il ne les précise que pour en éluder l'examen et la solution.

« Attendu, dit-il, que les demandeurs concluent à ce qu'il soit fait « défense au comte de Talleyrand-Périgord de prendre le nom et de « porter les armes du feu duc de Montmorency. En ce qui touche le « nom, attendu qu'il résulte d'une façon certaine du dispositif et « particulièrement du décret du 14 mai 1864, que l'intention du « souverain a été, non pas d'autoriser le comte de Talleyrand à « prendre le nom patronymique de Montmorency, mais de lui con- « céder, afin de perpétuer de glorieux souvenirs, le titre de duc de « Montmorency, qui venait de s'éteindre en la personne de son « oncle maternel, décédé sans postérité le 18 août 1862. »

Il est donc déclaré que l'intention du souverain n'a pas été et que l'objet du décret ne saurait être d'autoriser le comte de Talleyrand à prendre le nom patronymique de Montmorency. Il y a bien là quelque chose en notre faveur. Il est reconnu à la fois que le nom de Montmorency est patronymique, c'est-à-dire le nom propre qui appartient à la famille, et que, comme tel, M. de Périgord n'est point autorisé à le prendre ; mais il ne suffit pas aux juges de dire que la concession de ce nom n'est pas l'objet du décret, la question judiciaire est celle de savoir si la prétention élevée par M. le comte Adalbert, si elle était accueillie, n'aurait pas inévitablement un effet et des conséquences contraires à l'objet du décret, contraires à l'intentention de son auteur.

En d'autres termes, la question judiciaire est celle de savoir si l'intention et le dispositif du décret *ayant pour objet de concéder un titre ducal* sous la dénomination de duc de Montmorency, une telle concession n'équivaut pas à la concession du nom même et ne porte pas atteinte au droit d'autrui, à la propriété privée de la famille. Nous soutenons qu'il n'en saurait être ainsi, comme le reconnaissent les premiers juges en ces termes :

« Attendu que les demandeurs soutiennent que le décret n'a pu en « conférant un titre de noblesse, affecter à ce titre le nom patrony- « mique porté par leur famille et qui n'appartient pas au comte de « Talleyrand-Périgord. »

Il ne suffit donc pas de dire que le décret n'a pas eu pour objet d'autoriser à prendre ce nom patronymique, ce qui est évident puisque ce décret n'a pas été rendu dans la forme des règlements d'administration publique prescrite pour les concessions de noms par la loi de l'an XI restée jusqu'à ce jour en vigueur. La seule question du procès, question purement judiciaire est, je le répète, celle de savoir si la concession d'un titre auquel on veut *affecter* le nom propre d'une famille ne serait pas la concesssion même de ce nom. Sur ce point, je maintiens ce que j'ai eu l'honneur de dire à cette audience : en admettant les transmissions supposées par le texte du dispositif et plus particulièrement par le texte du préambule du décret de 1864, le titre de noblesse aujourd'hui concédé, serait d'abord la résurrection d'un titre seigneurial, contraitrairement à nos lois, d'un titre qui n'a eu d'existence, sous la dénomination qu'on lui affecte, que selon les règles et les principes du droit féodal, d'un titre attaché à un fief et qui n'était transmissible qu'avec la propriété de la seigneurie, d'un titre aboli par le décès sans postérité de celui qui le dernier en avait recueilli héréditairement la possession, concession qui, en dehors de toutes les conditions légales, équivaudrait à la concession d'un nom propre, ainsi que vous l'avez jugé, Messieurs, dans l'affaire de Brancas.

C'est bien là une question qui est toute du domaine de l'autorité judiciaire.

J'en demande pardon à Messieurs du Tribunal de première instance; ne m'est-il pas permis de dire qu'ils n'y ont pas bien réfléchi et que, par la rédaction même des premiers motifs de leur sentence, ils ont mis en lumière un puissant élément de décision sur cette question qu'ils n'ont pas voulu résoudre? Remarquez ceci : en même temps qu'ils reconnaissent que l'objet du décret du 14 mai n'a point été d'autoriser M. le comte de Talleyrand à prendre le nom de famille des Montmorency, ils déclarent que la seule intention du souverain a été de concéder le titre de duc de Montmorency, *afin de perpétuer de glorieux souvenirs*. Quoi! on aurait voulu, au mépris des héritiers du nom, *perpétuer* ces glorieux souvenirs de famille en la personne du jeune comte Adalbert de Talleyrand!!! Mais ces souvenirs, à quoi se rattachent-ils? est-ce à la seigneurie, au fief qui n'existe plus? est-ce au titre de duc et pair? N'est-ce pas au nom même des Montmorency? ces souvenirs ne sont-ils pas inséparables du nom des grands hommes qui l'ont illustré? n'est-ce point par la légitime transmission et par le respect de leur nom que les souvenirs de leur vie doivent être perpétués? si de tels souvenirs, consacrés par l'admiration de plusieurs siècles, appartiennent à la France, s'ils font partie de notre patrimoine de gloire nationale, en sont-ils moins la propriété personnelle des directs et légitimes héritiers du nom auquel ils sont attachés? En un mot, pour perpétuer les souvenirs, on a voulu perpétuer le nom qui les rappelle, on ferait donc la concession du nom.

J'en appelle à quiconque porte un cœur digne de comprendre ce qu'est dans une famille l'héritage d'honneur transmis par d'illustres aïeux, peut-il exister pour elle une propriété plus chère à son juste et jaloux orgueil? Conçoit-on un acte de spoliation aussi amer, aussi injurieux que les complaisances de la faveur qui livreraient à un étranger la sainte mission de *perpétuer* ce patrimoine sacré? Non, il n'y a point de violation du droit privé qu'il soit aussi légitime, je dirai même aussi nécessaire de déférer à la justice du pays.

Comment donc, et par quels motifs juridiques, le Tribunal en touchant de si près à l'unique et juste solution de ce procès, a-t-il cru pouvoir l'éluder? Écoutez :

« Attendu que le Tribunal n'a pas juridiction pour connaître de « cette difficulté, et que son incompétence est rigoureuse, abso- « lue et d'ordre public;

« Qu'en effet si les Tribunaux de droit commun ont le droit d'ap- « précier la légalité d'un décret lorsqu'il statue sur une matière « spécialement confiée à leur vigilance et à leur protection, il n'en « est pas ainsi quand il s'agit d'un décret dont l'objet ressortit ex- « clusivement des attributions constitutionnelles du chef de l'État. »

Il faut s'arrêter sur cette distinction qui va bien étrangement servir de prétexte à la déclaration d'incompétence du Tribunal. « Quand il s'agit d'un décret dont l'objet ressortit exclusivement « des attributions constitutionnelles du chef de l'État, les Tribu- « naux n'ont point juridiction, » j'en conviens; mais quand on soumet au Tribunal la question de légalité d'un acte du souverain, d'un décret par lequel il sort des attributions constitutionnelles qui lui sont dévolues; quand, au lieu de se borner à la collation d'un titre, il affecte à cette collation l'attribution d'un nom qui est la propriété d'une famille; quand l'excès de pouvoir est aussi évident, est-il vrai que les Tribunaux français n'ont pas juridiction, qu'ils n'ont pas le pouvoir de signaler ce qu'il y a d'illégal dans l'acte du souverain? Le contraire est reconnu par les premiers juges et, dans ce paragraphe même de leur décision, ils sont obligés d'écrire qu'en effet les Tribunaux ordinaires ont le droit d'apprécier la légalité d'un décret lorsqu'il s'agit d'une matière spécialement confiée à leur vigilance et à leur protection.

Il est de principe, on le reconnaît, que les Tribunaux de droit commun, ont le pouvoir de déclarer l'illégalité d'un acte du souverain; mais qu'un tel pouvoir est borné aux matières qui sont spécialement confiées à la vigilance et à la protection de ces Tribunaux. Or, je le demande, quelle est la matière qui est plus spécialement confiée à la protection et à la vigilance des Tribunaux? N'ont-ils pas la mission spéciale de veiller à la préservation de tous les droits des familles ? Est-ce qu'il y a dans les familles un droit plus sacré que celui de revendiquer leur propre nom ? Est-ce que ce n'est pas la plus sainte des propriétés, celle que la famille doit le plus faire respecter, celle qu'elle ne peut pas abandonner, celle qui est incessible et inviolable ? La propriété du nom, qui a, de l'aveu de tous, ces caractères supérieurs, est aussi essentiellement que toute autre propriété confiée à la garde des Tribunaux, et chaque jour vous statuez sur de semblables usurpations et sur le préjudice causé aux familles par l'envahissement du nom qui leur appartient.

Je ne comprends pas que le jugement qui commence par reconnaître comme principe incontestable d'ordre public, que les Tribunaux ont le droit d'apprécier la légalité d'un décret, ôte à ce principe toute efficacité, et l'anéantisse dans son exécution. Refusant d'user d'une prérogative qu'il s'est lui-même reconnue, le Tribunal commet un véritable déni de justice. Les prérogatives de la justice ne sont que des devoirs à remplir.

C'est une nouveauté grande que d'opposer une prétendue incompétence d'ordre public à un droit privé qui se débat contre un acte évidemment rendu par le souverain en dehors de ses attributions constitutionnelles. Le Tribunal s'arrête, dit-il, devant un décret qui ressortit des attributions constitutionnelles du souverain ; est-ce donc que la faculté de disposer de la propriété privée entre dans les attributions constitutionnelles du souverain ? Quand une telle propriété méconnue et violée est revendiquée devant vous, votre autorité tomberait, la loi perdrait son empire, parce qu'un décret lui porte atteinte ? C'est alors au contraire que votre pouvoir et votre compétence, reconnus en principe par le jugement, doivent s'affirmer avec plus d'énergie et s'exercer avec plus d'indépendance.

Je ne veux pas m'arrêter aux conséquences de la théorie que je combats ; votre sagesse en mesure tous les dangers ; mais pour rendre plus évidente l'erreur de ce système, permettez moi d'en supposer l'application à des cas analogues, qui vous sont journellement soumis, par exemple, en matière d'expropriations pour cause d'utilité publique.

Les articles 2 et 5 de la loi de 1841 donnent dans certains cas au chef de l'État le pouvoir de déclarer l'utilité publique par simple décret.

Eh bien! si on vous apportait un décret de l'Empereur déclarant l'utilité publique d'une expropriation, sans que les formalités prescrites par la loi de 1841 eussent été remplies, sans que les enquêtes eussent eu lieu, se trouverait-il en France un Tribunal qui, dans ces conditions, prononçât l'expropriation d'une chaumière? S'il en pouvait être ainsi, que resterait-il de garanties pour les citoyens? Et cependant ce décret, en vertu duquel serait poursuivie l'expropriation, ressortirait bien incontestablement des attributions constitutionnelles du souverain, mais il n'y aurait pas de juge capable de dire: « Le décret, par cela seul qu'il émane du souverain et qu'il est revêtu de sa signature, paralyse notre action, supprime notre devoir de faire respecter la loi, anéantit notre autorité; nous avons en vain le droit de constater l'illégalité des actes du souverain, du moment où il apparaît un acte dont l'objet entre dans ses attributions; peu importe que les formalités qui le doivent nécessairement accompagner aient été remplies ou non, nous n'avons plus de pouvoir, nous sommes désarmés. »

Est-ce que des juges en France, dans un pareil cas, raisonneront ainsi? Assurément, non, jamais!

De quoi s'agirait-il, cependant? Dans un cas, on aura, sans enquête et publication préalables, déclaré l'utilité publique d'une expropriation; dans l'autre, on aura, sans publication et sans examen par le Conseil d'État, accordé le changement ou l'addition d'un nom: l'analogie n'est-elle pas absolue? Et l'éminence même de l'intérêt qui s'attache à la propriété du nom d'une famille ne fera-t-elle pas que vous exercerez avec plus d'énergie, avec plus d'indépendance le droit qui vous appartient de ne pas sanctionner l'illégalité du décret?

Évidemment, l'abdication de pouvoir consommée par le Tribunal n'est pas excusable au regard du droit de la famille de Montmorency.

Poursuivons, nous allons arriver à des considérations plus surprenantes encore :

« Attendu que le décret qui octroie au comte de Talleyrand-Péri-« gord le titre de duc de Montmorency est un acte de la puissance « souveraine, contresigné par l'un des ministres, et qui rentre dans « les prérogatives essentielles de la couronne. »

Je réponds encore et je répète à satiété, sur ce paragraphe du jugement : dans les prérogatives *essentielles* de la couronne se trouve le droit de conférer des titres de noblesse personnelle, des titres qui ne doivent être attachés aujourd'hui, comme qualification honorifique, qu'au nom propre de celui auquel ils sont accordés. Mais l'honneur et la propriété des noms de famille n'ont jamais été mis en France, *comme prérogative essentielle*, à la disposition du prince.

Or, la question que le Tribunal avait à juger, la seule qui vous soit soumise par notre appel, est celle de savoir si l'affectation à une qualification honorifique, du nom d'une famille existante, nom que le nouveau qualifié duc n'a point personnellement le droit de porter, n'est pas une transmission illégale de ce nom patronymique. Cette question, vous l'avez, Messieurs, résolue affirmativement par l'arrêt de 1859, que la Cour de cassation a maintenu, et ce ne serait pas ici pour vous l'occasion de changer votre jurisprudence.

Après avoir ainsi qualifié le décret de 1864 d'acte de prérogative essentielle, les premiers juges ajoutent : « Attendu que ce « décret n'est, par conséquent, pas susceptible d'une discussion « juridique devant les Tribunaux civils, et que ceux-ci ne pour-« raient en apprécier le mérite sans enfreindre les principes du « droit public, sur lequel repose la séparation des divers pouvoirs « de notre ordre social. »

Eh ! Messieurs, n'est-il pas vrai que les principes indiqués par les premiers juges devaient être au contraire invoqués par eux pour maintenir la dignité et l'indépendance du pouvoir judiciaire qui est remis entre leurs mains? Le principe même de la séparation des pouvoirs imposait le devoir de retenir la cause et de la juger. La séparation des pouvoirs tient à leur nature même, et c'est précisément parce qu'il y a entre les divers objets des pouvoirs publics, des distinctions naturelles et nécessaires, que chacun de ces pouvoirs doit se maintenir avec énergie et se mouvoir avec liberté dans sa sphère spéciale pour y exercer une autorité souveraine.

Jadis nos grands corps de Parlements succédant aux Conseils privés des rois, ont réuni la pratique des pouvoirs les plus divers, soit par l'abus des temps, soit par une extension nécessaire de leur autorité, à défaut d'une bonne organisation de l'administration publique; mais les caractères propres des divers pouvoirs ainsi réunis n'étaient pas confondus. Lorsque les Parlements faisaient, par des arrêts de règlement, des actes d'administration et même des actes législatifs, ce n'était point comme pouvoir judiciaire qu'ils agissaient; mais quand les parties venaient protester à leur barre par voie d'opposition contre des lettres-patentes rendues sur des intérêts privés, quand elles venaient réclamer l'application de cette grande règle de notre droit, écrite à la suite de tout acte de munificence ou de faveur royale : *Sauf notre droit en autre chose et l'autrui en tout*, c'était œuvre de justice que faisaient alors les Parlements, et c'est à vous désormais que l'œuvre de justice appartient.

Longtemps avant 1789, les esprits avaient été frappés des inconvénients qu'avait la réunion des divers pouvoirs publics dans les mêmes mains; Montesquieu en avait mis en relief les abus et les périls, et les constitutions des gouvernements qui se sont succédé depuis 1789, y ont porté remède, en consacrant et surtout en organisant comme un principe fondamental de notre droit public la distinction et la séparation des pouvoirs. Je le répète, c'est précisément parce qu'il y a en France séparation des pouvoirs, que chacun d'eux doit avoir plus d'indépendance pour se mouvoir avec une liberté et une dignité entières dans le cercle de ses attributions propres. Cette indépendance réciproque, cette autorité spéciale de chacun des pouvoirs de l'état, sur les matières qui lui appartiennent, est la plus haute et la plus sérieuse garantie des libertés nationales et de nos droits privés.

Oui, il faut que l'autorité judiciaire ne laisse pas la puissance administrative envahir le domaine de sa juridiction, le cercle de ses attributions propres ; ce cercle-là embrasse tous les droits de la propriété individuelle. Et lorsqu'il est porté atteinte à ces droits sous une forme quelconque par les agents de l'administration, ou par le chef de l'État, il y a pour vous un devoir sacré, impérieux, que vous ne pouvez pas trahir, le devoir pour la justice de renfermer le pouvoir dans les limites des ses attributions et de dire : Voilà un acte qui porte atteinte aux droits dont la protection et la surveillance me sont confiées, un acte qui excède les attributions constitutionnelles du prince, qui fait abusivement ce qu'il n'a pas le droit de faire ; c'est au nom de la loi et dans l'accomplissement de mes devoirs comme autorité de justice, que j'accueille les réclamations qui me sont soumises, c'est comme pouvoir judiciaire que j'empêche qu'un acte des autres pouvoirs n'ait des conséquences qu'il ne doit pas avoir.

Oui, vous avez ainsi à sauvegarder votre dignité et notre sécurité à tous ; vous n'abandonnerez pas nos droits et les vôtres; vous avez ici à exercer une incontestable autorité; il n'appartient qu'à vous d'apprécier la légalité des actes produits devant vous, de maintenir la juste application des lois, et de donner vengeance et satisfaction à tous les droits privés qui ont été lésés. Ce pouvoir, cette autorité, ne vous en dessaisissez jamais ; si vous vous en dessaisissiez, tout serait perdu dans l'ordre de l'État; vous nous conduiriez à je ne sais quel régime, à quelque chose de semblable au bas-empire et au despotisme absolu de la décadence romaine.

Au surplus, ce n'est pas sur l'autorité de ma parole que je revendique pour vous, pour nous, pour tous les citoyens l'exercice de vos droits; j'invoquerai l'autorité de tous nos jurisconsultes, la jurisprudence de toutes les Cours, et avant toute jurisprudence, la vôtre et vos arrêts les plus récents.

Merlin a récapitulé dans son répertoire tous les principes applicables à la cause actuelle et surtout à ce qui concerne la compétence des Cours de justice à l'égard des actes de l'autorité souveraine qui portent préjudice aux droits des tiers ; il s'exprime ainsi :

« Le premier principe est que le nom et les armes d'une famille noble appartiennent à la famille privativement et à l'exclusion de tout autre ;

« Le second, que les enfants ne sont point de la famille dont leur mère est issue, mais de celle du père; qu'ainsi la mère ne peut communiquer son nom et ses armes à ses enfants, lorsqu'il y a des mâles de sa famille qui s'y opposent;

« Le troisième, qu'une mère ne peut imposer à son fils la condition de porter son nom seul et ses armes seules, sans lettres du souverain qui permettent de changer de nom ;

« Le quatrième, que les lettres étant toujours accordées sous la condition sous-entendue, pourvu que cela ne préjudicie pas au droit acquis à un tiers, *ne s'exécutent point lorsqu'il y a des mâles intéressés qui s'opposent à ce changement.* »

Retenez, Messieurs, ces derniers mots de l'ancien droit de la monarchie française : *Les lettres ne s'exécutaient point si le droit d'autrui n'était pas sauf;* ce qui veut dire que, quand une atteinte était portée aux droits d'une famille, la partie lésée s'opposait à l'enregistrement des lettres-patentes, et venait devant l'autorité judiciaire en demander l'annulation. Ce même pouvoir de justice vous appartient aujourd'hui tel qu'il était exercé par les Parlements. Ces vieux titres de l'indépendance de l'autorité judiciaire ont été magnifiquement rappelés et sanctionnés dans le célèbre arrêt rendu par la Cour de cassation en 1827, sous la présidence de l'un des plus dignes magistrats de notre temps, le grand jurisconsulte M. Henrion de Pansey.

Voici cet arrêt :

« Attendu que ce fut une maxime incontestable de notre droit
« public que les rois de France furent dans l'heureuse impuissance
« de porter atteinte aux propriétés de leurs sujets ;

« Ainsi, dans les arrêts du Conseil portant quelques concessions
« au profit des particuliers, on lisait cette formule : *Sauf notre droit*
« *en autres choses, et l'autrui en tout*, clause toujours supposée, lors
« même qu'elle n'était pas écrite, de manière que les arrêts n'avaient
« aucune efficacité s'ils n'étaient pas revêtus de lettres-patentes qui
« devaient être enregistrées dans les Cours souveraines, lors duquel
« enregistrement les parties intéressées, et qui pouvaient se préten-
« dre lésées dans ces actes par l'autorité publique, avaient la faculté
« de former opposition, et le Parlement, saisi par cette opposition,
« statuait contradictoirement sur les moyens respectifs. »

Ainsi, telle fut la jurisprudence ancienne parfaitement résumée avec ce bonheur de langage : *l'heureuse impuissance des rois de France de porter aucune atteinte aux propriétés de leurs sujets.*

Ainsi, sous la longue suite de nos princes, sous Louis XIV, sous la pleine puissance et sous le bon plaisir de nos rois, comme ils avaient le droit de l'écrire et l'écrivaient dans leurs lettres-patentes, jamais le pouvoir souverain n'allait jusqu'à porter atteinte à la propriété du nom ou de tout autre droit privé, sans que l'autorité judiciaire intervînt; et quand, dans l'exercice de l'autorité souveraine, il était fait grief à la propriété privée quelle qu'elle fût, le Parlement, sur l'opposition formée à l'enregistrement des lettres-patentes, refusait l'enregistrement de ces lettres, et elles ne recevaient pas d'exécution en ce qui lésait les droits des particuliers.

Eh bien! cette autorité de la justice, ce droit spécial, cette séparation des pouvoirs, tout cela est-il modifié, est-il perdu pour nous?

Devant les premiers juges, j'ai montré, dans un grand nombre de décisions modernes, la consécration de ces principes salutaires. Il en est une entre autres que je vous demande la permission de lire en entier, parce qu'elle résume parfaitement l'état actuel de notre législation qui, sur ce point, n'est pas différente de la législation qui a régi la France pendant des siècles.

Voici le jugement rendu le 25 juillet 1834 par ce même Tribunal de première instance de la Seine, et confirmé par arrêt du 11 juillet 1836 :

« Attendu qu'il est hors de doute qu'en présence d'une ordon-
« nance rendue en matière contentieuse et réglementaire qui lèse
« les intérêts des citoyens, les Tribunaux doivent s'abstenir, par
« respect pour le principe de la division des pouvoirs administratif
« et judiciaire;

« Qu'en effet, dans le premier cas, le tiers qui n'a pas été appelé,
« peut former tierce-opposition dans la forme déterminée par les
« règlements de la juridiction contentieuse du Conseil d'État;

« Que, dans le second cas, l'art. 40 du règlement du 22 juil-
« let 1806 offre encore un recours possible, soit devant une section
« du Conseil d'État, soit devant une commission nommée par le
« roi;

« Que toutefois, dans ce dernier cas, c'est-à-dire d'une ordon-
« nance statuant par voie réglementaire, les Tribunaux doivent exa-
« miner si cette ordonnance est rendue dans les limites tracées par
« la loi, et dans la vue d'en procurer l'exécution;

« Que si l'ordonnance est contraire à la loi, les principes de notre
« droit public constatés par la jurisprudence la plus constante, font
« un devoir aux magistrats, gardiens de la loi, de ne pas s'arrêter
« à une pareille ordonnance;

« Que c'est surtout alors qu'il s'agit d'une ordonnance qui statue
« en matière purement grâcieuse, que ces derniers principes sont
« nécessairement applicables, lorsque cette ordonnance lèse les
« droits d'un citoyen; qu'en effet, comme il n'existe pas de recours
« possible contre un pareil acte, les Tribunaux manqueraient à leurs
« devoirs s'ils laissaient les citoyens sans protection dans un pareil
« cas;

« Attendu que l'ordonnance dont il s'agit au procès n'est ni con-
« tentieuse, ni réglementaire, et qu'elle statue par voie purement
« grâcieuse, sur un exposé inexact, en l'absence de la partie intéres-
« sée, hors des formes statuées par la loi, et dans l'ignorance des
« droits qu'on ne signalait pas au souverain, ou plutôt à son minis-
« tre responsable;

« Attendu que cette ordonnance est à la fois contraire à la charte
« et aux lois;

« Qu'en effet, elle prive la comtesse Charles de Tascher et de sa
« propriété et d'un droit que l'art. 62 de la charte protége, comme
« les art. 8 et 9 protégent le droit de propriété, qu'elle viole l'irrévo-
« cabilité des dispositions faites par l'Empereur du domaine extraor-
« dinaire consacrées par l'art. 30 du sénatus-consulte du 30 jan-
« vier 1810, sans parler de l'art. 29 qui établit la révocation au
« profit de l'État des biens ainsi donnés par l'Empereur;

(Suit la longue énumération des articles et des décrets établissant les droits de M. de Tascher.)

« Par ces motifs,

« Condamne les sieur et dame Acton, la duchesse de Dalberg à
« payer au comte Charles de Tascher la somme de 700,000 fr.;

« Ordonne le dépôt et l'emploi de ladite somme. »

N'est-ce pas à notre cause que s'applique littéralement ce motif: « *Attendu que l'ordonnance dont il s'agit au procès n'est ni contentieuse ni réglementaire, et qu'elle statue par voie purement grâcieuse sur un exposé inexact, en l'absence de la partie intéressée. . . . .* »

N'oubliez pas cet excellent jugement. Il s'agissait alors d'un majorat constitué par un décret rendu en matière purement grâcieuse. L'analogie avec notre cause est évidente.

N'oubliez pas que la Cour de cassation, par son arrêt du 22 avril 1846, dans l'affaire Terray, statua en ces termes :

« Attendu: 1° qu'aux termes de la Charte, il n'appartient qu'à
« l'autorité royale de conférer des titres de noblesse.....; 2° que

« tout changement de nom ne peut être obtenu qu'en se conformant « aux dispositions de la loi du 11 germinal an XI, qui exige l'in« tervention de l'autorité administrative ;

« Attendu que le jugement dénoncé reconnaît à Charles-Louis « Terray : 1° le droit de prendre le titre de vicomte ; 2° celui d'a« jouter à son propre nom le nom de Morel-Vindé, sans avoir, au « préalable, rempli les formalités voulues......;

« Annule pour excès de pouvoir le jugement du Tribunal civil de « la Seine du 28 mars 1845. »

Voilà donc la jurisprudence, voilà l'autorité vigilante que la Cour de cassation entend maintenir à la magistrature et à tous les degrés de la juridiction civile. Une ordonnance royale avait transmis un nom sans qu'on eût rempli les formalités édictées par la loi du 11 germinal an XI, c'est-à-dire sans l'avis préalable du Conseil d'État dans les formes exigées pour les règlements d'administration publique. Le Tribunal qui a obéi à cette ordonnance a commis un excès de pouvoir, et son jugement a été cassé.

Postérieurement à cet arrêt de la Cour de cassation, dans une occasion solennelle et dans un moment où la séparation des pouvoirs était difficile à reconnaître, nous avons eu la satisfaction de voir la magistrature, fidèle aux doctrines constantes de notre droit public, maintenir la compétence exclusive des Tribunaux sur toutes les questions de propriété privée.

En 1852, lorsqu'a été rendu le décret qui prononçait l'annexion au domaine de l'État des biens propres de la maison d'Orléans, nous avons plaidé que le droit de propriété était réglé par les partages intervenus dans l'intérieur de la famille entre ses divers membres, et qu'en conséquence il s'agissait d'une propriété privée, sur le sort de laquelle un décret n'avait pu valablement statuer.

Eh bien! à ce moment de dictature, alors que tous les pouvoirs étaient réunis et confondus dans la même main et exercés arbitrairement — c'était le 22 janvier 1852 — le Tribunal a retenu la cause, et s'est déclaré compétent par un jugement ainsi conçu :

« Attendu que les membres de la famille d'Orléans procèdent
« comme propriétaires des domaines de Neuilly et de Monceaux,
« soit en vertu de la donation du 7 août 1830, soit en qualité d'hé-
« ritiers de leur père, et pour partie de la princesse Adélaïde leur
« tante, soit en vertu d'une jouissance prolongée pendant plus de
« vingt ans, et pouvant fonder la prescription ;
« Attendu que leur action a pour objet la propriété de ces deux
« domaines ;
« Attendu que les Tribunaux ordinaires sont exclusivement com-
« pétents pour statuer sur les questions de propriété, de validité de
« contrat, de prescription ;
« Que ce principe a toujours été appliqué aussi bien à l'égard de
« l'État qu'à l'égard des particuliers ;
« Qu'ainsi au Tribunal seul il appartient d'apprécier les titres
« des parties et d'appliquer la loi aux faits qui donnent lieu au
« procès ;
« Se déclare compétent ; retient la cause, et, pour être statué au
« fond, continue à quinzaine, et condamne le préfet de la Seine
« aux dépens de l'incident. »

Voilà le jugement, qui eût reçu son exécution si un conflit administratif n'avait pas été élevé dans les formes prescrites par la loi.

Ce n'est pas, vous l'allez voir, Messieurs, le dernier retentissement en France des maximes protectrices des droits privés et des principes dont le maintien et la pratique feront toujours l'honneur de la magistrature qui appelle à elle tous nos respects, quand elle leur est fidèle, comme elle gardera notre confiance et fortifiera notre sécurité lorsque nous avons recours à son autorité et que nous invoquons ses arrêts.

Oui, ce jugement de 1852 nous a satisfaits, nous, soldats auxiliaires de la justice, qui avons consumé notre vie dans le culte de la loi, dans le respect des institutions judiciaires de notre pays, nous avons été heureux, — moi personnellement avocat de cette grande cause, — nous avons été heureux de voir la dignité, la fermeté que le Tribunal a montrées dans ce jugement de 1852.

Messieurs, j'invoque encore une fois devant vous votre propre jurisprudence dans l'arrêt que vous avez rendu sur l'affaire Chamoy, en janvier 1863, conformément aux conclusions du magistrat qui occupe encore à cette audience le siége du ministère public. Un décret avait constitué un majorat, et dans cette constitution avaient été compris des biens qui avaient été l'objet de dispositions antérieures de la part du père de famille. Un décret pouvait seul autoriser le majorat, et régler les conditions de son institution. Cependant, un membre de la famille revendiqua partie des biens compris par le décret dans ce majorat, et saisit la justice civile.

Vainement on opposa l'autorité du décret qui était rendu dans la limite des attributions spéciales, essentielles du chef du gouvernement. Vous avez été appelés à juger, et voici l'arrêt que vous avez rendu :

« Considérant que la décision souveraine qui institue un majorat « suppose que les biens majoratisés sont la propriété du demandeur, « mais qu'elle ne tranche pas la question de propriété à l'égard des « tiers qui revendiquent des biens antérieurement acquis; qu'il est « évidemment inadmissible que le véritable propriétaire d'un hé- « ritage puisse en être dépouillé à sa mort et sans être appelé, parce « qu'un demandeur en érection de majorat aura, de mauvaise foi « ou par erreur, compris cet héritage dans les indications de la de- « mande;

« Considérant que *la partie qui*, en pareil cas, *réclame un droit de* « *propriété* sur les biens majoratisés, *ne peut être distraite de la ju-* « *ridiction des Tribunaux ordinaires*, seule compétente pour pronon- « cer sur les questions de propriété;

« Que celui qui prétend au bénéfice du majorat n'a pu, par sa

« demande, et par l'institution obtenue, porter atteinte à la com-
« pétence ni au fond du droit. »

M. de Chamoy forma contre votre décision un pourvoi motivé sur la violation des règles de la compétence et de la séparation des pouvoirs judiciaire et administratif. Le pourvoi a été rejeté par arrêt du 25 avril 1864.

En première instance, mon honorable confrère et ami M. Dufaure, cita cet arrêt, et avec l'autorité de sa parole, il fit remarquer quelle analogie essentielle il y avait entre l'affaire Chamoy, et celle que vous avez aujourd'hui à juger.

Là un décret qui constitue un majorat, ici un décret qui confère un titre, en vertu, dans les deux cas, du droit essentiel du souverain; là un décret qui comprend dans le majorat les biens d'un tiers, ici un décret qui joint au titre un nom qui est la propriété d'une famille; là réclamation du propriétaire du bien, ici réclamation des propriétaires du nom. La situation est identique, la solution doit être la même.

Le principe certain et que vous avez toujours proclamé, c'est donc que les questions de propriété ne peuvent être distraites de votre juridiction; c'est qu'elles constituent votre domaine spécial et exclusif. Faut-il répéter encore que de toutes les propriétés, il n'en est pas de plus sacrée, de plus respectable, de plus nécessaire au repos dans l'État, à l'institution et à la dignité des familles que la possession de leur nom patronymique? La jurisprudence a constamment maintenu le respect d'un tel droit; vous en avez toujours fait triompher le principe dans vos arrêts, et la Cour de cassation l'a bien solennellement consacré quand elle a d'office cassé le jugement qui avait obéi à l'ordonnance royale conférant illégalement à M. Terray le nom de Morel-Vindé.

Sortirez-vous de cette jurisprudence, de ces traditions constantes, de ces principes fondamentaux et universellement appliqués? Je ne puis pas le croire; vous infirmerez donc le jugement qui tend à soustraire ces questions à votre juridiction.

Le jugement passe ensuite à un second ordre de fins de non-recevoir : en admettant qu'en effet le décret contient, comme nous le soutenons, indépendamment de la collation d'un titre, la concession du nom de Montmorency, les preniers juges s'expriment ainsi :

« Attendu, au surplus, que lors même que le décret du 14 mai « 1864 contiendrait, ainsi que le prétendent les demandeurs, sépa- « rément de la collation du titre de duc, l'autorisation au comte de « Talleyrand-Périgord d'ajouter à son nom celui de Montmorency, « le Tribunal serait encore incompétent, puisqu'il est de principe « qu'un semblable décret n'est jamais rendu que sous la réserve des « droits des tiers. »

Est-ce compréhensible? On ne veut pas méconnaître, ce qui est fondamental, que toujours les concessions grâcieuses de la faveur royale ont été accompagnées de la sage réserve, exprimée ou sous-entendue : *Sauf notre droit en autres choses et l'autrui en tout.* Les premiers juges le proclament : de telles dispositions ne sont jamais rendues que *sous la réserve du droit des tiers*, et c'est par cette raison que le Tribunal se déclare incompétent! Comment? il est incompétent parce que le droit des tiers doit être réservé, doit être respecté!

Qui donc statuera sur le droit des tiers? Est-ce que ce ne sont pas les tribunaux, qui en sont les protecteurs? Véritablement, il est impossible de se montrer plus illogique et plus inconséquent. On ne peut pas nier que la collation d'un titre, accompagnée de la dénomination du nom de Montmorency, ne porte atteinte au droit de propriété de la famille. Ce droit de propriété, c'est le droit réservé des tiers; s'il est réservé, n'est-ce pas pour qu'il soit sauvegardé? A qui appartient-il de statuer? Évidemment c'est à l'autorité judiciaire? Non; le droit des tiers serait reconnu, mais l'exercice en sera aussitôt paralysé ! Le droit de propriété est réservé, mais il n'y aura personne à qui nous puissions recourir pour le revendiquer ! Qui pourra comprendre et maintenir une telle décision ?

Dans le motif qui suit, les premiers juges vont nous dire comment ils entendent justifier cette contradiction dérisoire :

« Attendu que le Tribunal ne pourrait avoir juridiction que dans « le cas où il serait saisi d'une demande tendant à empêcher un « tiers de prendre un nom appartenant à une famille, alors que ce « tiers ne produirait à l'appui de sa prise de possession aucun titre « émané de la puissance souveraine ; mais qu'il ne peut en être « ainsi lorsqu'un acte de cettte nature est produit. »

Je dis que cela est inadmissible, que c'est là une théorie inouie en France, une confusion de tous les droits et de tous les principes, telle qu'il n'a jamais pu s'en rencontrer dans aucune décision judiciaire. Quoi ! le Tribunal reconnaît qu'il aurait juridiction dans le cas où il serait saisi d'une demande tendant à empêcher un tiers de prendre un nom appartenant à une famille. C'est là précisément la nature et l'objet de la demande qui lui était soumise.

Eh bien ! le Tribunal était donc compétent, essentiellement compétent ; mais pour qu'il reste compétent, il faut que l'usurpateur ne produise pas à l'appui de son usurpation un acte émané de la puissance souveraine. Le Tribunal devient incompétent dès qu'un acte de cette nature est produit. Ce Tribunal a pouvoir spécial de juridiction, il le reconnaît, pour empêcher un tiers de s'emparer d'un nom appartenant à une famille ; mais si la puissance souveraine a donné prétexte à l'usurpation, si elle a commis un abus flagrant, si elle a porté ou sanctionné une atteinte évidente à mes droits, si elle a disposé ouvertement du nom qui m'appartient, cet abus de pouvoir, cette violation de la loi et de la propriété autorisée par le souverain, paralysera ainsi que mes droits le pouvoir légal des magistrats, et supprimera le devoir de la justice ! L'acte abusif du souverain consacrera, sans recours, une violation de la propriété !

Il est certain qu'un pareil jugement ne subsistera point dans les monuments de la jurisprudence française, je n'ai pas à craindre qu'il soit confirmé par votre arrêt. Je n'en exagère pas les conséquences; mais en face de cette disposition singulière qui soustrait à l'action des tribunaux une matière qui appartient essentiellement à leur juridiction, j'ai besoin encore de rappeler l'arrêt où la Cour de cassation relevait l'heureuse impuissance des anciens rois à porter aucune atteinte aux droits privés de leurs sujets.

Terminons sur ce point. Que disent encore les premiers juges? Voici la sanction qu'ils donnent à la réserve du droit des tiers :

« Qu'en effet les noms constituent une propriété d'une espèce « particulière, laquelle est spécialement réglementée par la loi de « germinal an XI, et qu'aux termes de l'article 7 de cette loi, c'est « devant le Conseil d'État, dans l'année qui suit l'insertion au *Bul-* « *letin des lois,* que toute personne ayant droit au nom concédé est « autorisée à se pourvoir pour obtenir la révocation du décret. »

Je laisse de côté ces mots : « Les noms constituent une propriété d'une espèce particulière. » Il n'y a de particulier dans la nature de cette propriété que ce caractère qui appartient à elle seule, d'être incessible et complétement inviolable. Ici tout a été confondu par le Tribunal : la matière est spécialement réglementée, dit le Tribunal, par la loi de germinal an XI. Oui, suivant la loi de germinal, quiconque veut changer de nom, ou obtenir une addition à son nom, doit s'adresser au gouvernement; le gouvernement doit statuer en la forme des règlements d'administration publique, c'est-à-dire sur l'avis du Conseil d'État. Après ces formalités accomplies, et dans l'année qui suit l'insertion du décret au *Bulletin des lois*, comme le disent les premiers juges, c'est devant le Conseil d'État que doivent être portées les oppositions.

Je comprends parfaitement ces dispositions de la loi de l'an XI et l'ordre logique des différents articles qui composent cette loi. Pour qu'un particulier puisse changer de nom, il faut qu'il obtienne du gouvernement une autorisation rendue dans la forme des règlements d'administration publique, c'est-à-dire après avis du Conseil d'État.

L'avis du Conseil d'État donné, si la demande est accueillie, le décret qui y fait droit est publié, et tout naturellement c'est au Conseil d'État, originairement saisi de l'affaire, que recourent les tiers lésés par le décret élaboré par lui.

Il n'y a rien là que de conforme au cours régulier des actions. C'est à l'autorité qui a statué par défaut, en mon absence, que mon opposition doit être déférée. Un décret me fait grief : pour obtenir sa révocation, je ne puis avoir recours qu'à l'autorité du Conseil d'État, qui dès le début a été légalement saisi de la demande sur laquelle, après qu'il a été entendu, la décision attaquée par moi a été rendue.

Mais, ici, à qui nous adresser, je vous prie, et devant qui former opposition ? Le Conseil d'État est resté absolument étranger au décret du 14 mai 1864 ; il n'a pas été appelé à donner son avis, il n'a connu de l'affaire à aucun titre, il ne peut pas devenir juge dans la cause. L'article 7, qui institue la juridiction spéciale du Conseil d'État, n'est applicable que quand les articles précédents ont été exécutés, c'est-à-dire quand on a procédé dans la forme nécessaire des règlements d'administration publique. Les dispositions de la loi de germinal constituent un ensemble indivisible, et on n'est pas recevable à invoquer la dernière de ses dispositions après avoir méconnu toutes les autres.

Seul, le Conseil du sceau des titres a été consulté ; mais on ne peut se pourvoir contre un avis de ce Conseil ; il n'a pas de juridiction ; il n'a pas droit de statuer. A-t-il seulement été consulté pour savoir si le nom de Montmorency pouvait être conféré ? Il ne lui appartenait pas de donner un avis sur ce point, et je suis certain qu'il n'en a pas donné. Il n'a pu s'occuper et il ne s'est occupé que du titre nobiliaire qu'il est dans le droit de l'Empereur de conférer. A aucun point de vue nous ne pouvions porter notre recours devant le Conseil du sceau.

Il s'agit ici d'un acte émané du chef de l'État dans l'ordre de ses prérogatives, ou, si l'on veut, en vertu de sa juridiction grâcieuse. Mais on ne peut pas se pourvoir auprès de lui pour faire réformer cet acte en tant qu'il porte atteinte à des droits privés. Si la justice émane du chef de l'État, il ne l'exerce point par lui-même, et il faut nécessairement recourir soit à la juridiction du Conseil, dans les cas légalement prévus, soit à la juridiction des Tribunaux pour résoudre les questions dont ils sont seuls juges.

Le Tribunal tombe donc dans une évidente contradiction et confond tous les pouvoirs, quand, après avoir proclamé qu'un recours devait nous être assuré, il refuse d'accueillir ce même recours porté devant lui.

Je reconnais qu'il peut y avoir recours direct au Conseil d'État dans les cas d'excès de pouvoir : mais ce n'est point d'un excès de pouvoir qu'il s'agit en ce moment. La question que nous soulevons devant vous est exclusivement une question de propriété. Ce que nous vous demandons, en effet, c'est qu'il soit jugé que le nom de Montmorency est la propriété de la famille et qu'en conséquence il ne peut être pris par M. Adalbert de Périgord comme affecté au titre qui lui est conféré. C'est là l'unique question du procès, question de propriété, question purement civile et judiciaire.

Qu'ajoutent encore les premiers juges?

« Attendu que s'il est opposé que le comte de Talleyrand-Péri-
« gord n'aurait pas rempli les formalités de publicité qui doit suivre
« une demande tendant à l'addition ou au changement d'un nom,
« cette objection est sans fondement par rapport à la compétence, le
« Tribunal ne pouvant pas plus apprécier la forme que le fond du
« décret, lorsqu'il est saisi par une personne à laquelle il ferait
« grief. »

Que veut dire ceci? l'omission des formalités légales serait sans rapport avec la question de compétence? Quoi! l'omission des formalités légales sans lesquelles aucun acte, souverain ou autre, n'est valable, ne touche en rien à la question de compétence du Tribunal! Les Tribunaux qui doivent statuer sur la légalité ou l'illégalité d'un décret quand les formalités prescrites ont été omises, peuvent se déclarer incompétents sur la question de forme comme sur la question du fond! Ils n'ont à s'inquiéter en aucune manière de la régularité avec laquelle le pouvoir souverain a cru pouvoir procéder! On posera en principe dans un jugement que les Tribunaux ont le droit d'apprécier la légalité d'un décret, et on conclura un peu plus loin que les Tribunaux auxquels on a reconnu qualité pour juger la légalité des décrets, sont incompétents pour rechercher si ces décrets ont été rendus dans les formes impérativement prescrites par la loi, on jugera que c'est là une question étrangère à la compétence! De semblables contradictions échappent véritablement à la discussion. Je n'ai point à insister davantage, et je maintiens qu'en l'absence de toutes les formes édictées par la loi de germinal, nous ne pouvons être renvoyés à nous pourvoir devant le Conseil d'État.

J'arrive aux motifs du jugement qui concernent les armoiries :

« En ce qui touche les armes :

« Attendu que le comte de Talleyrand-Périgord soutient que le « décret du 14 mai lui ayant concédé, comme neveu du dernier « duc de Montmorency, le titre de duc de Montmorency éteint par « le décès du titulaire sans postérité, lui aurait nécessairement, « quoique d'une façon implicite, concédé aussi les armoiries attachées à ce duché. »

Ceci, Messieurs, est plus étonnant encore que tout ce qui précède.

Qu'est-ce donc que les armoiries? C'est le nom même de la famille; c'est le nom sculpté, gravé, peint, colorié, attaché publiquement de côté ou d'autre, sur les murs du palais, sur la porte de l'hôtel, sur les voitures, sur la vaisselle; c'est le nom écrit partout sous une forme, sous des emblêmes consacrés par le temps, par la tradition, par la gloire.

Les principes à cet égard sont établis par tous les auteurs. La propriété des armoiries est tout aussi sacrée que celle du nom même. « Aux termes de l'ordonnance de 1696, dit l'ancien *Répertoire de ju-*

« *risprudence*, les armoiries des personnes, maisons et familles leur « sont patrimoniales. Observez que les lettres par lesquelles le roi « autorise un sujet à prendre le nom et les armoiries d'une famille « demeureraient sans effet s'il y avait encore des mâles de cette fa- « mille et qu'ils s'opposassent à l'enregistrement de ces lettres. La « raison en est que, quand le souverain accorde une grâce, il ne « veut pas qu'elle porte préjudice aux droits des tiers. »

Voilà les mêmes règles appliquées à la propriété des armoiries aussi bien qu'à la propriété des noms de famille, et ces principes sont le droit commun de l'Europe entière, droit sur lequel il n'appartient qu'aux Tribunaux de statuer.

Lorsque les titres ont été rétablis par le statut du 1er mars 1808, il a été dit dans l'article 14 :

« Ceux de nos sujets à qui nous aurons conféré des titres ne pour- « ront porter d'autres armoiries ni avoir d'autres livrées que cel- « les qui seront énoncées dans les lettres-patentes de création. »

Ainsi, le principe de la législation nouvelle en matière de concession, de confirmation ou de restitution de titres, c'est que nul ne peut prendre d'autres amoiries que celles qui lui sont accordées par les lettres-patentes ou par le décret d'institution. A chaque chapitre des lois de 1806 et de 1808, relatives aux nouvelles institutions de noblesse, il est dit, comme sous l'ancienne législation, que les lettres-patentes seront enregistrées au greffe du Tribunal ou de la Cour du domicile de l'impétrant, enregistrement qui entraîne le droit d'opposition, par les perties lésées dans leurs droits. C'est notamment le texte de l'article 23 du décret du 1er mars 1808.

Voilà ce qu'a été la loi jadis et ce qu'elle est encore aujourd'hui : on ne peut porter d'autres armoiries que celles qui sont accordées par le décret d'institution.

Or, dans la cause, le décret est muet, il ne parle pas des armoiries, mais M. Adalbert de Périgord se croit en droit de soutenir que le décret, qui n'en dit rien, lui attribue implicitement les armoiries de la maison de Montmorency, par le motif que ces armoiries seraient attachées au titre ducal. C'est là un point de fait qu'il faut vérifier avant de penser à interpréter le décret.

Or, rien n'est plus faux : les armoiries de la maison de Montmorency ont précédé de plusieurs siècles les érections de duchés en 1551, 1662, 1688, 1689 et 1767. Il y avait quatre, cinq ou six cents ans, à cette dernière date, que ces nobles armoiries existaient, qu'elles étaient la propriété de la maison de Montmorency, et qu'elles étaient portées par tous ses membres.

Au neuvième siècle, après la bataille de Soissons, lorsque Montmorency rapporta au roi Lothaire quatre aigles, étendarts de l'empereur Othon, il lui fut donné droit de mettre quatre aigles aux quatre angles de sa croix blanche.

Et quand, en 1214, Philippe-Auguste, à la glorieuse bataille de Bouvines, vit venir à lui Mathieu de Montmorency, blessé comme il l'était lui-même, il trempa ses doigts dans le sang de cet héroïque guerrier, et marqua une croix rouge sur ses armes. Mathieu de Montmorency lui apportait douze aigles conquises aussi sur un autre empereur d'Allemagne, Othon IV. Le roi ordonna que les douze aigles seraient jointes aux quatre premières, et qu'elles accompagneraient la croix rouge scellée du sang de Montmorency.

Ne venez donc pas dire que ces armoiries sont affectées au titre ducal créé pour la première fois en 1551, aboli en 1632, créé de nouveau en 1688 et 1767, puis anéanti par l'extinction de la descendance masculine, cela n'est pas tolérable ! Ces armes héroïques, personne ne peut s'en emparer. Le décret n'autorise pas la prétention de M. Adalbert de Périgord. Cette prétention suffit-elle donc pour faire dire au décret ce qu'il ne dit pas, pour qu'on suppose qu'il y a lieu d'interpréter ce qui n'y est pas écrit ?

Quoi ! les Tribunaux, on le reconnaît, ont le pouvoir de déclarer l'illégalité des actes grâcieux et solennels du souverain et d'en interdire l'exécution quand ces actes vont au-delà des pouvoirs du prince et excèdent les limites de ses prérogatives, et non content de vouloir envahir en vertu d'un décret un nom que ce décret n'a pas eu l'intention de conférer, on pourrait ajouter à son texte, et interpréter son silence! Et l'interprétation qu'il plaira à M. Adalbert de Périgord de produire dessaisirait les Tribunaux du droit de juger!

J'aperçois ici, de la part des premiers juges, une préoccupation sur laquelle il faut s'expliquer nettement et fermement devant vous, qui êtes faits, comme grand corps de justice, pour entendre de hautes vérités, en ce qui concerne vos droits, vos devoirs. Il y a dans le jugement une appréhension de porter atteinte à l'autorité souveraine, même quand elle commet des erreurs, même quand elle agit irrégulièrement, et qu'elle ne se conforme pas aux lois. C'est à cette appréhension, contraire aux principes consacrés dans tous les temps, qu'ont obéi les premiers juges. Ils ont cru que, s'ils redressaient le décret en ce qui touche aux droits des tiers, s'ils le réduisaient au fait légal de la concession d'un titre, ils porteraient atteinte à la prérogative et à la dignité du souverain.

Messieurs, par un tel abandon des droits du pouvoir judiciaire, on menacerait l'exercice de la prérogative souveraine d'une atteinte bien plus grave. Soyez convaincus que, pour l'honneur du gouvernement, quand il sera dit qu'un décret a été ramené aux bornes que lui assignaient les attributions constitutionnelles du souverain, quand les limites de la loi seront posées à l'exercice de l'autorité souveraine contenue dans les attributions qui lui sont propres, et dans *l'impuissance* de faire exécuter une volonté illégale, il n'y aura jamais atteinte à la dignité du souverain. Mais il y aurait atteinte, atteinte profonde à cette dignité, si l'on pouvait dire : Dans l'ordre social où nous sommes, le droit des particuliers aura été méconnu, la propriété privée aura été violée, le fait est manifeste, et les grands corps de justice de l'Empire se sont sentis réduits à déclarer l'impuissance de leur autorité constitutionnelle. Oui, c'est là ce qui porterait atteinte à l'autorité morale du pouvoir.

Quant à M. Adalbert de Périgord, je n'ai qu'un dernier mot à lui dire, je le dis sans amertume, mais je le dis avec le sentiment de la dignité de la famille qui m'a confié la défense de ses droits, et aussi de la dignité de la propre famille de M. Adalbert de Périgord. S'il cherche à s'illustrer, il y réussira, il honorera sa vie en consacrant sa jeunesse et son activité à soutenir noblement l'honneur du nom qui lui appartient. Là seulement sera son véritable honneur, honneur plus grand que celui qu'il croit acquérir en obtenant de la toute-puissance de tel ou tel ministre des injonctions adressées au Jokey-Club pour faire figurer le nom des Montmorency dans des courses de chevaux.

A. GUYOT ET SCRIBE, Imprimeurs de l'Ordre des Avocats au Conseil d'État et à la Cour de Cassation, rue Neuve-des-Mathurins, n° 18.

www.ingramcontent.com/pod-product-compliance
Ingram Content Group UK Ltd.
Pitfield, Milton Keynes, MK11 3LW, UK
UKHW020404230726
13925UKWH00003B/1249